MOI, C'EST CHOCOLAT

Remerciements :

Nous tenons à remercier pour leur contribution à cet ouvrage :
Jean-Louis Broust, Damien Hervé, Brigitte Legendre, Laure Maj,
Karine Marigliano, Nadège Michelotto, Christine Moubinous pour Fujiyama,
Anaïs Roué, Marjorie Seger, Véronique Sem, Marie-France Wolfsperger.

Et aussi : Claire Debruille, Christophe Duhamel, Cécile Humbert,
Lucie Pezavant, Marina Travert et l'ensemble des Marmitonautes qui,
pour notre plus grand bonheur, contribuent chaque jour à Marmiton.

Directrice de collection : **Clémence Meunier**
Mise au point de la maquette : **Sarah Bruey**
Éditrice : **Audrey Génin**
Correctrice : **Maud Foutieau**

33 rue du Petit-Musc
75004 Paris
www.playbac.fr

Isbn : 9 7828096 47839
Dépôt légal : septembre 2012

Imprimé en Slovénie par Gorenjski Tisk sur papiers issus
de forêts gérées durablement.

MOI, C'EST CHOCOLAT

playBac

SOMMAIRE

INTRODUCTION

Vous avez toujours une plaquette de chocolat noir dans votre placard, dans votre sac, boîte à gants, tiroir de bureau... Pas de doute, vous êtes accro au chocolat noir. Et pour cause, on peut tout faire ou presque avec du chocolat noir. Son seul défaut ? S'évanouir trop vite. Chez Marmiton, on pense sérieusement être atteint du syndrome de la plaquette qui disparaît.

Heureusement, nous avons trouvé une solution. Nous avons réuni dans ce livre les recettes indispensables à avoir toujours sous la main lorsqu'une envie de chocolat noir se fait sentir. On vous prévient, les pages ne sont pas imperméabilisées, évitez de les lécher. Et ça va être difficile, cet opus est noir de chez noir ! Des recettes incontournables aux plus originales en passant par celles qui feront aimer le chocolat noir à ceux qui ne jurent que par le chocolat au lait, une chose est sûre, vous allez encore succomber.

Bonne dégustation,
Les fondus de l'équipe Marmiton

100 % ACCRO AU CHOCOLAT

Au programme des réjouissances, tous vos desserts préférés
en version chocolat noir.
C'est fort, c'est très fort, et surtout très appétissant.
Si le mi-cuit au cœur coulant n'a pas fini de vous faire fondre,
vous allez voir des éclairs (au chocolat) en croquant un cookie
(pourquoi un d'ailleurs ?) ou en plongeant votre cuillère
dans la mousse. Ne laissez pas retomber le soufflé,
vous risqueriez de vous recevoir un pavé chocolaté…
Eh oui, il est fort, ce chocolat noir !

recette proposée par
Jeannette

MACARONS AU CHOCOLAT

Pour 15 macarons
Préparation 40 min + Repos 30 min
Cuisson 10 à 12 min
Moyennement difficile
Coût

Top des avis :
“ **Je n'ai pas utilisé de crème au beurre mais une ganache à base de crème fraîche liquide et de chocolat.** J'en referai très prochainement ! ” Soussou37

“ **Pour la garniture, j'ai pris de la pâte à tartiner !** Excellente recette, merci de nous l'avoir fait partager. ”
Laetitia_476

Astuce : Pour que les macarons ressemblent à ceux des pâtissiers, il faut utiliser deux plaques pour la cuisson : une où l'on dépose les tas de pâte et l'autre que l'on place dans le four dès le préchauffage et sur laquelle on posera la deuxième plaque lors de la cuisson. Cela permet d'obtenir la corolle autour des macarons.

1. Préchauffez le four à 180 °C.
2. **Cassez le chocolat en morceaux et faites-le fondre doucement, au bain-marie ou au micro-ondes.**
3. Dans un saladier, **mélangez 80 g de sucre glace avec la poudre d'amandes. Ajoutez le chocolat fondu et remuez.**
4. Dans un bol, **battez les blancs d'œuf en neige avec le sel, puis ajoutez le reste du sucre glace** sans cesser de fouetter jusqu'à ce qu'ils deviennent lisses et brillants.
5. **Incorporez-les au mélange précédent :** vous obtenez une texture sableuse.
6. À l'aide d'une cuillère à café, **déposez des petits tas de pâte sur la plaque du four** recouverte d'une feuille de papier sulfurisé beurrée. **Laissez-les reposer au moins 30 min** à température ambiante.
7. **Enfournez pour 10 à 12 min.**
8. Décollez les macarons et laissez-les refroidir sur une grille.
9. Préparez la crème au beurre : dans un bol, **travaillez à la fourchette le beurre mou et le chocolat en poudre afin d'obtenir une texture homogène.**
10. **Garnissez la moitié des coques d'une noix de crème au beurre et déposez sur chacun une coque nature.**

Chocolat noir pâtissier (100 g)
Sucre glace (120 g)
Poudre d'amandes (60 g)

• Blancs d'œuf (2) • Beurre (1 noix)
• Sel (1 pincée)

Pour la garniture :
Chocolat en poudre (60 g)

• Beurre mou (50 g)

Chocolat noir 70 % (70 g)
Cacao en poudre (70 g)
Arôme vanille (1 c. à café)
Bicarbonate de soude (½ c. à café)
• Beurre (120 g) • Farine (110 g)
• Levure chimique (¾ de c. à café)
• Œufs (2) • Sucre (100 g)
• Crème fraîche (12 cl)
• Sel (½ c. à café)

recette proposée par
Odile_201

CUPCAKES AU CHOCOLAT

Pour 30 cupcakes
Préparation 20 min
Cuisson 15 min
Très facile
Coût

1. Dans un bol, **faites fondre le beurre, le chocolat noir et le cacao. Fouettez bien.**
2. Dans un bol, **mélangez la farine, le bicarbonate et la levure.**
3. Dans un autre bol, **mélangez les œufs, le sucre en poudre, l'arôme vanille et le sel.** Fouettez bien.
4. **Ajoutez le mélange au chocolat.**
5. **Incorporez ensuite un tiers du mélange à base de farine.** Fouettez bien **puis ajoutez la crème fraîche et, en dernier, le reste du mélange.**
6. **Versez cette pâte dans des petites caissettes** en papier jusqu'à mi-hauteur **et enfournez pour une quinzaine de minutes.**

Top des avis :
" Super, simples et excellents ! **J'ai remplacé le chocolat par des pépites de chocolat !** En tout cas, recette à garder, les cupcakes sont extra moelleux. "
Popchoco

"Ils sont superbes, sublimes et surtout très bons. **J'ai fait un nappage au caramel et c'était excellent !** J'ai rajouté des petits sucres décoratifs… « so american »."
Kchou

Astuce : Pour glacer vos cupcakes, fouettez 80 g de beurre mou, 1/3 de c. à café d'arôme vanille, 120 g de sucre glace et une pincée de sel. Ajoutez 1 cuillère à soupe de crème fraîche liquide ou épaisse et fouettez de plus en plus fort pendant 4-5 min. Nappez les cupcakes avec ce glaçage puis mettez-les au frais au moins 1 h. On peut ajouter, avant de servir, des copeaux de chocolat, des petits bonbons…

SOUFFLÉS AU CHOCOLAT

Pour 4 personnes
Préparation 15 min
Cuisson 10 min
Très facile
Coût

1. Préchauffez le four à 260 °C.
2. **Faites fondre 100 g de chocolat puis mélangez-le avec les œufs, le sucre et le beurre.**
3. **Versez le mélange dans 4 petits ramequins,** jusqu'aux deux tiers.
4. **Placez 2 carrés de chocolat dans chaque ramequin puis recouvrez avec le reste de la pâte.**
5. **Enfournez pour 10 min.**

Top des avis :

" Très bon ! Petite touche perso de la gourmande que je suis : **remplacez les carrés de chocolat noir par du chocolat blanc et saupoudrez avec du sucre glace.** " Solenne_28

" **J'ajoute des amandes effilées sur le dessus avant d'enfourner,** elles vont griller à la cuisson. Un régal. " Suoziki

" Excellent dessert ! On s'est régalé. Attention à ne pas trop prolonger la cuisson, ça perd de son fondant sinon. **Servi avec une boule de glace à la vanille, un délice !** " Stéphanie_768

Astuce : Pour éviter que le soufflé ne retombe, n'ouvrez pas la porte du four pendant la cuisson et servez aussitôt après l'avoir sorti du four.

Chocolat
noir pâtissier
(100 g + 8 carrés)
• Œufs (3) • Sucre (80 g)
• Beurre (50 g)

Chocolat noir pâtissier (200 g)
Pâte sablée
(1 rouleau)

• Crème fraîche liquide (15 cl) • Lait (50 cl) • Œuf (1) • Beurre

recette proposée par
Dperrotin

TARTE AU CHOCOLAT FONDANT

Pour 6 à 8 personnes
Préparation 30 min + Repos 1 h
Cuisson 15 à 18 min
Moyennement difficile
Coût

Top des avis :

" Délicieuse. **Faite avec un peu de noisettes en poudre et des éclats de noisette en fin de cuisson.** Un régal ! " Karel_5

" Succulente. J'ai arrangé la crème à ma façon : une tablette de Pralinoise et 50 g de chocolat noir. **J'ai mis des framboises fraîches sur le fond de tarte et arrosé avec de la crème. Tout simplement divin.** " Saida_28

Astuce : Pour une texture encore plus onctueuse, laissez la tarte au réfrigérateur pendant au moins 4 h.

1. **Beurrez un plat à tarte** à fond amovible de 20 cm de diamètre environ et **garnissez-le avec la pâte. Laissez reposer environ 1 h au réfrigérateur.**
2. Préchauffez le four à 200 °C.
3. Recouvrez le fond de tarte de papier sulfurisé puis de légumes secs et **enfournez-le pour 10 min.**
4. Baissez la température du four à 150 °C.
5. Pendant ce temps, **coupez le chocolat en très petits morceaux.**
6. **Portez à ébullition la crème et le lait dans une casserole. Ajoutez le chocolat,** retirez la casserole du feu et mélangez au fouet pour obtenir une texture bien lisse. **Ajoutez ensuite l'œuf battu et mélangez bien.**
7. **Versez cette préparation sur le fond de tarte précuit puis enfournez pour 15 à 18 min :** la crème doit être légèrement prise, mais encore tremblotante. Pour servir, retirez le cercle et éventuellement la plaque à tarte. Servez tiède ou froid.

recette proposée par
Frédérique_746

FONDANT AU CHOCOLAT PLUS QUE FONDANT

Pour 6 personnes
Préparation 15 min
Cuisson 15 à 20 min
Très facile
Coût

1. Préchauffez le four à 150 °C.
2. **Faites fondre le chocolat avec le beurre dans une casserole.**
3. Versez le tout dans un saladier. **Ajoutez le sucre et mélangez.**
4. **Laissez tiédir puis ajoutez les œufs et la Maïzena. Mélangez jusqu'à l'obtention d'une pâte lisse.**
5. **Versez-la dans un moule beurré** ou garni de papier sulfurisé.
6. **Enfournez pour 15 à 20 min.**
7. Attendez que le fondant ait refroidi avant de le démouler sinon celui-ci risquerait de se décomposer et le chocolat fondu de couler !

Top des avis :
" Parfait ! **J'ai mis en plus une pointe d'arôme à l'amande.** Excellent ! " Gabriellesolis

" Super, **j'ai ajouté un peu de pâte à tartiner au milieu.** On en redemande. " tifamilo

" J'ai complété avec de la farine, **je rajoute toujours quelques sachets de sucre vanillé et, parfois, je rajoute un sachet de pralin ou de noisettes ou d'amandes en poudre.** " Sophie_6590

Astuce : Réalisez cette recette en portions individuelles dans des mini cocottes ou ramequins : vous n'aurez alors pas besoin de les démouler !

Chocolat noir pâtissier (200 g)
Maïzena (100 g)
• Beurre (200 g)
• Sucre (200 g)
• Œufs (4)

Chocolat noir pâtissier (150 g)
Poudre d'amandes (50 g)
• Œufs (3) • Sucre (100 g)
• Farine (60 g) • Beurre (80 g)
• Levure chimique
(1 c. à café)

recette proposée par
Audrey

CAKE AU CHOCOLAT

Pour 6-8 personnes
Préparation 15 min
Cuisson 30 à 35 min
Très facile
Coût

❶ Préchauffez le four à 180 °C.

❷ **Faites fondre le chocolat coupé en morceaux au bain-marie avec 5 c. à soupe d'eau** (vous pouvez également le faire fondre doucement au micro-ondes).

❸ Dans un saladier, **battez les œufs avec le sucre, jusqu'à ce que le mélange blanchisse.**

❹ **Ajoutez la farine, la levure, le beurre fondu, la poudre d'amandes et le chocolat fondu. Mélangez bien.**

❺ **Versez la préparation dans un moule à cake préalablement beurré.**

❻ **Enfournez pour 30 à 35 min.** Attendez 5 min avant de démouler puis laissez refroidir.

Top des avis :
" **Vraiment très bon et très moelleux. Je n'ai pas mis de poudre d'amandes mais le zeste d'une orange.** Tous mes invités ont adoré. "
Rita_41

" Cela faisait longtemps que je n'avais pas mangé un aussi bon gâteau, délicieux ! **À la place de la poudre d'amandes, j'ai mis de la noix de coco râpée.** "
Nimis

" Excellent, très moelleux. **J'ai ajouté des pépites de chocolat, c'était parfait.** "
Katia91

Astuce : Pour plus d'originalité, ajoutez une poignée de pistaches dans la pâte.

recette proposée par
Juliette_293

CANNELÉS AU CHOCOLAT

Pour 20 cannelés
Préparation 20 min + Repos 12 h
Cuisson 40 à 45 min
Facile
Coût

Top des avis :
" Très bon grâce à leur texture particulière, **je les fais régulièrement, en même temps que des cannelés traditionnels.** Cela diversifie un peu le dessert ! À faire ! " Camicolas

" Cela change des cannelés à la vanille. J'ai testé la recette comme indiqué et **la seconde fois j'ai ajouté de la noix de coco à la préparation.** Les deux recettes sont très bonnes. " Marie_536

" Vraiment bon ! **Avant de les servir, je coupe le dessus des cannelés, j'y mets de la glace vanille, je remets le chapeau et je verse du chocolat fondu avec de la chantilly, façon profiteroles.** Un délice ! " 1122steph

Astuce : Juste avant d'enfourner, glissez à l'intérieur de chaque cannelé un carré de chocolat noir : la surprise est totale !

1. Dans un saladier, **hachez ou râpez le chocolat.**
2. **Mettez le lait dans une casserole avec le beurre et la gousse de vanille fendue en deux, puis portez à ébullition.**
3. **Versez le mélange chaud sur le chocolat et remuez doucement** jusqu'à ce que le mélange soit homogène.
4. Dans un saladier, **battez à la fourchette les œufs entiers, les jaunes d'œuf, le sel et le sucre.**
5. **Incorporez délicatement la farine et le cacao.**
6. **Ajoutez le mélange lait-beurre-chocolat (retirez la gousse de vanille) et fouettez énergiquement.**
7. **Incorporez enfin le rhum.**
8. **Laissez reposer la pâte au réfrigérateur durant 12 h** (versez-la dans une bouteille en plastique, vous aurez plus de facilité à remplir les moules ensuite).
9. Préchauffez le four à 210 °C.
10. **Beurrez les moules à cannelé** (en tôle ou en silicone). **Versez-y la pâte en remplissant les alvéoles aux trois quarts de leur hauteur et enfournez pour 40-45 min.**

Chocolat noir 70 % (70 g)
Vanille (1 gousse)
Cacao amer (20 g)
Rhum (4 c. à soupe)
• Lait (50 cl) • Beurre (80 g)
• Œufs (2) • Sucre (250 g)
• Jaunes d'œuf (2) • Farine (100 g) • Sel (1 pincée)

Chocolat noir 70 % (200 g)
Crème fraîche épaisse (25 cl)

- Sucre (1 c. à soupe)
- Beurre (1 c. à soupe)

recette proposée par
Jojo_0712

GANACHE AU CHOCOLAT POUR GLAÇAGE

Pour 6 personnes
Préparation 10 min
Cuisson 5 min
+ Repos 2 h
Très facile
Coût

1. **Faites chauffer la crème avec le beurre et le sucre jusqu'à ébullition.** Mélangez jusqu'à obtenir une préparation homogène.
2. **Hors du feu, ajoutez le chocolat cassé en morceaux.** Laissez reposer 5 min puis mélangez jusqu'à l'obtention d'une crème lisse.
3. Versez le glaçage sur le gâteau et lissez bien avec une spatule. Si vous avez préparé la ganache à l'avance, versez-la dans un bol et placez-la au réfrigérateur. Vous pourrez la réchauffer doucement au micro-ondes pour glacer votre gâteau.

Top des avis :

" **Recette très facile et très rapide à réaliser.** La ganache s'étale très bien sur une bûche glacée. " Elisabeth_1036

" **J'ai utilisé cette recette pour fourrer des chocolats maison.** Délicieux. " Camille_1286

" **Excellent surtout à l'intérieur du pain d'épices** et tout autour comme garniture. " Sabrina_794

" **C'est tout à fait la consistance que je voulais pour napper le gâteau d'anniversaire** de mon mari, pas trop liquide et facile à étaler. " Girlguide

Astuce : Si vous n'utilisez pas la ganache tout de suite, déposez un film alimentaire au contact afin d'éviter la formation d'une croûte.

MI-CUIT AU CHOCOLAT

Pour 4 personnes
Préparation 10 min
Cuisson 15 min
Très facile
Coût

1. Préchauffez le four à 200 °C.
2. **Faites fondre le chocolat et le beurre au bain-marie.**
3. Dans un saladier, **battez les œufs et le sucre** jusqu'à ce que le mélange blanchisse.
4. **Versez le mélange chocolat-beurre dans la préparation précédente puis incorporez la farine.**
5. **Beurrez des ramequins** ou des moules en aluminium jetables et **versez-y la préparation.**
6. **Enfournez pour 15 min** : le dessus de chaque mi-cuit doit former une croûte et l'intérieur doit être coulant.
7. Servez-les dès la sortie du four, démoulés ou non.

Top des avis :
" Je ne pensais jamais réussir cette recette mais elle est vraiment très facile. **J'ai utilisé du chocolat pur cacao, amer.** Délicieux. "
Elijahcristelle

" **J'ajoute dans un petit pot à côté du caramel au beurre salé (petit pot que je passe quelques secondes avant au micro-ondes pour qu'il soit chaud et coulant).** Chacun en verse sur son mi-cuit. " Laetitia_184

" Avec 1 petite c. à soupe de pâte à tartiner à l'intérieur voire un **petit carré de chocolat noir ou blanc,** c'est un pur bonheur. "
Anais0210

Astuce : Cette recette se congèle parfaitement bien : versez la pâte dans les moules avant de les congeler et sortez les moules 1 h avant de les cuire.

Chocolat noir 70 %
(100 g)
• Œufs (3) • Sucre (120 g)
• Beurre (90 g)
• Farine (40 g)

Cacao en poudre sucré (2-3 c. à soupe, ou plus selon les goûts)

Beurre mou (95 g)

Cassonade (90 g)

Garniture (pépites de chocolat, amandes)

• Sucre vanillé (1 sachet) • Œuf (1) • Farine (150 g) • Levure chimique (½ sachet) • Sel (1 pincée)

recette proposée par
Noemie_171

COOKIES TOUT CHOCOLAT

Pour 15 cookies environ
Préparation 25 min + Repos 1 h
Cuisson 8 min
Très facile
Coût

Top des avis :

" **Je trouve que la texture est bonne, croustillante et moelleuse à la fois** comme les vrais cookies. "
Natimsoune

" J'ai suivi la recette sauf pour le chocolat (**j'ai mis du cacao non sucré**), et le résultat est parfait ! Ils sont jolis et bons ! Merci. "
Tamara57

" Cela fait deux fois que je fais cette recette, **une fois avec de la noix de coco et une fois avec des éclats de caramel et pépites de chocolat,** c'est un régal. Je les cuis 10 min. "
Fim80

Astuce : Vous pouvez remplacer le cacao par quelques carrés de chocolat préalablement fondus. Vous pouvez également rajouter des noix ou des noisettes.

1. Dans un saladier, **travaillez le beurre avec une spatule en bois jusqu'à obtenir un aspect crémeux.**
2. **Incorporez la cassonade.**
3. **Ajoutez le sucre vanillé et l'œuf, mélangez bien.**
4. **Incorporez la farine avec la levure, le sel et le cacao.**
5. **Ajoutez la garniture de votre choix :** pépites de chocolat et amandes pilées (par exemple). Plus il y a de garniture, plus le cookie prendra un joli relief. N'hésitez pas à travailler la pâte à la main pour obtenir un mélange homogène.
6. **Formez un boudin, enveloppez-le dans du film alimentaire et laissez-le durcir 1 h au réfrigérateur.**
7. Préchauffez le four à 180-200 °C.
8. **Sortez le boudin de pâte du réfrigérateur, coupez-le en tranches égales de taille moyenne. Déposez-les sur une plaque recouverte de papier sulfurisé :** espacez-les bien pour que les cookies puissent gonfler sans se coller.
9. **Enfournez pour 8 min.** Sortez les cookies même s'ils ont l'air mou, car ils vont durcir à l'air libre.

recette proposée par
Sissi67

CRÈME DESSERT FACILE AU CHOCOLAT

Pour 6 à 8 personnes
Préparation 5 min
Cuisson 20 min
+ Repos 4 h au moins
Très facile
Coût

1. Dans une casserole, **faites fondre le beurre puis ajoutez d'un coup la farine.**
2. **Mélangez bien puis versez le lait petit à petit** en remuant bien sur feu doux.
3. Hors du feu, **incorporez le sucre.**
4. **Ajoutez le chocolat cassé en petits morceaux, remettez sur le feu et laissez frémir** 5 à 10 min : mélangez en faisant des 8 avec une cuillère en bois.
5. **Répartissez la crème dans des petits pots et placez-les au frais** pour au moins 4 h. Les crèmes seront encore meilleures le lendemain.

Top des avis :

“ Très bon et très facile à faire. **J'ai ajouté au moment de servir des poires coupées en morceaux revenues au beurre** avec du sucre sur le dessus. C'était délicieux ! ” Gecouv

“ Très bonne crème ! 60/70 g de sucre suffisent à mon goût, **j'ajoute un peu d'extrait de vanille et ce n'est que du bonheur ! Pas un bruit au dessert...** Juste les petites cuillères. ” Jerome_26

“ Sublime ! **Un goût très prononcé en chocolat, une texture parfaite !** Je la referai sans hésiter ! ” Alima03

Astuce : Réalisez cette crème en remplaçant le chocolat noir par du chocolat au lait ou blanc. Réduisez alors la quantité de sucre.

Lait entier (1 l)
Chocolat noir 70 % (200 g)
• Sucre (100 g) • Beurre (50 g)
• Farine (40 g)

Pour la pâte à choux :
Farine (150 g)
Beurre (75 g)
• Œufs (4) • Eau (25 cl) • Sucre (1 c. à soupe)
• Sel (1 pincée) • Jaune d'œuf (1) • Huile
Pour la crème :
Chocolat noir 70 % (210 g)
• Œuf (1) • Jaunes d'œuf (2) • Farine
(2 c. à soupe) • Lait (30 cl) • Beurre (50 g)
• Sucre (3 c. à soupe)

recette proposée par
Meriem_14

ÉCLAIRS AU CHOCOLAT

Pour 10 éclairs
Préparation 1 h
Cuisson 25 min + Repos 1 h
Moyennement difficile
Coût

Top des avis :
" Vraiment très bon ! J'ai remplacé le chocolat noir par du chocolat Pralinoise. C'était très bon. **La pâte à choux est simple à faire mais la cuisson reste délicate.** "
Kikiller81

Astuce : Pour éviter que les choux ne dégonflent, il ne faut surtout pas ouvrir la porte du four pendant leur cuisson.

Préparer la pâte à choux

Pour la pâte à choux :

1. Préchauffez le four à 210 °C.
2. **Mélangez le sel, le sucre, le beurre et l'eau dans une casserole et portez à ébullition. Ajoutez la farine et remuez jusqu'à l'obtention d'une pâte compacte.** Travaillez-la jusqu'à ce qu'elle soit suffisamment ferme.
3. **Incorporez les œufs, un à un, en veillant à bien mélanger entre chaque ajout.** Travaillez la pâte afin de la rendre ferme.
4. Sur une plaque allant au four préalablement huilée, **réalisez, à l'aide d'une poche à douille, une dizaine de boudins de pâte de 15 cm de longueur. Badigeonnez-les avec le jaune d'œuf battu** et un pinceau.
5. **Enfournez pour 25 min** puis laissez reposer 10 min, four éteint, pour éviter que les éclairs ne dégonflent.

Pour la crème au chocolat :

6. **Faites fondre 60 g de chocolat cassé en morceaux dans le lait, à feu doux.**
7. Dans un bol, **fouettez l'œuf, les jaunes d'œuf et le sucre jusqu'à ce que le mélange soit mousseux.**
8. **Ajoutez la farine, mélangez et versez le tout dans le lait chocolaté. Faites épaissir sans cesser de remuer.**
9. **Hors du feu, incorporez 20 g de beurre.** Laissez refroidir.

Pour finaliser les éclairs :

10. **Coupez les éclairs en deux dans le sens de la longueur et garnissez-les de crème au chocolat.**
11. **Faites fondre le reste du chocolat et du beurre au bain-marie. Mélangez bien puis nappez-en le dessus des éclairs. Laissez reposer 1 h au réfrigérateur** avant de déguster.

recette proposée par
Lysettelabelette

FINANCIERS AU CHOCOLAT

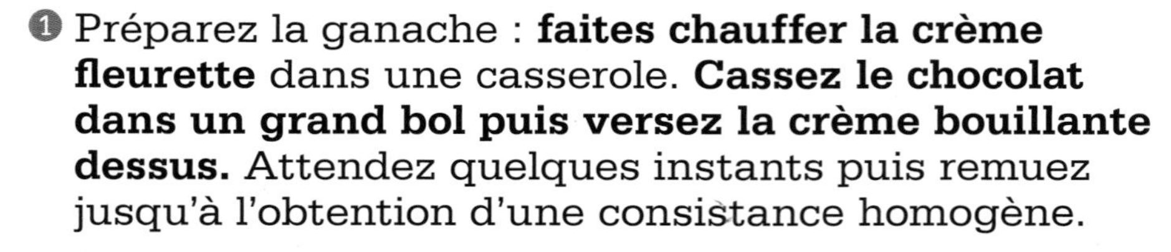

Pour 20 financiers
Préparation 40 min
Cuisson 15 à 25 min
Facile
Coût

Top des avis :

" Ces financiers sont vraiment fabuleux. **Accompagnés d'une crème pâtissière ou anglaise réalisée avec les jaunes d'œuf,** ils sont parfaits. " Kyrian

" Fondants à souhait, extra bons en petit format, **à ne pas manquer pour les fans de chocolat.** " Audrey_3114

" **C'était excellent, je les ai faits avec du chocolat pâtissier au lait,** c'est tout ce que j'ai changé… Délicieux ! " Laurette_28

" **Cuits dans des moules à muffin en silicone, ces petits gâteaux étaient délicieux.** Merci beaucoup pour votre recette. " Valérie_177

Astuce : Pour obtenir un beurre noisette, faites fondre le beurre et laissez-le chauffer à feu doux jusqu'à disparition complète de la mousse formée à la surface. Arrêtez la cuisson dès que le beurre prend une jolie couleur brun clair.

1. Préparez la ganache : **faites chauffer la crème fleurette** dans une casserole. **Cassez le chocolat dans un grand bol puis versez la crème bouillante dessus.** Attendez quelques instants puis remuez jusqu'à l'obtention d'une consistance homogène.
2. Préchauffez le four à 180 °C.
3. Dans un bol, **mélangez la poudre d'amandes, la farine, le sucre glace, le sel et la levure.**
4. Dans un saladier, **fouettez les blancs d'œuf à la fourchette** pour les homogénéiser mais sans les monter. **Ajoutez le mélange précédent**.
5. Préparez un beurre noisette : **faites blondir le beurre sur feu doux jusqu'à ce qu'il prenne une jolie couleur dorée. Laissez-le refroidir un peu.**
6. **Incorporez-le au mélange blancs d'œuf-poudres.**
7. **Ajoutez cette préparation à la ganache et mélangez bien.**
8. **Versez la pâte dans des moules à financier en silicone et enfournez pour 15 à 25 min** selon la taille des moules : la cuisson est terminée quand la surface se fendille.

Chocolat
noir 70 % (200 g)
Poudre d'amandes
(80 g)
Crème fleurette (20 cl)
• Blancs d'œuf (4) • Farine (50 g)
• Beurre doux (80 g) • Sucre glace
(80 g) • Levure chimique
(½ c. à café) • Sel (¼ c. à café)

Chocolat noir 70 %
(400 g)
• Œufs (6) • Beurre extra-fin (180 g)
• Huile

MARQUISE AU CHOCOLAT DE JEAN-JACQUES ROUSSEAU

Pour 8 personnes
Préparation 15 min + Repos 12 h
Très facile
Coût

Top des avis :
" C'est un dessert tout simplement sublime. **Je l'ai servi accompagné d'une crème anglaise maison bien vanillée et le tout saupoudré de petits confettis sucrés,** un régal ! " Pepino

" Excellent. **Je verse la pâte dans de petites caissettes en papier** et je démoule au moment de servir. Mmmm ! " Dominique_199

" Cette marquise est vraiment bonne. **Je conseille de choisir un bon chocolat, avec un pourcentage de cacao élevé pour les vrais amateurs de chocolat.** " Marine_5937

Astuce : Afin de faciliter le démoulage, plongez le moule 30 s dans de l'eau chaude.

1. Séparez les blancs des jaunes d'œuf.
2. **Faites fondre le chocolat au bain-marie.**
3. Hors du feu, **ajoutez petit à petit le beurre coupé en morceaux en remuant.**
4. **Ajoutez-y les jaunes d'œuf un à un.**
5. **Battez les blancs d'œuf en neige très ferme. Ajoutez-les délicatement au mélange précédent.**
6. **Huilez un moule à cake. Versez-y la préparation, laissez refroidir et placez-la au réfrigérateur toute une nuit.**
7. Démoulez délicatement la marquise. Lissez la surface à la spatule avant de servir.

GÂTEAU D'ANNIVERSAIRE AU CHOCOLAT

recette proposée par
AnneLise_165

Pour 8 personnes
Préparation 30 min
Cuisson 25 min
Très facile
Coût

Pour le gâteau au chocolat :

1. Préchauffez le four à 150 °C. Beurrez un moule à manqué.
2. Dans un saladier, **mélangez le sucre et la farine. Creusez un puits et cassez-y les œufs. Fouettez** jusqu'à l'obtention d'un mélange homogène.
3. Dans une casserole, **faites fondre le chocolat cassé en morceaux et le beurre coupé en dés sur feu doux.**
4. **Incorporez le chocolat fondu au mélange sucre-farine-œufs petit à petit et sans cesser de remuer.**
5. **Versez le tout dans le moule et enfournez pour 25 min** environ (le temps de cuisson varie selon la texture intérieure que l'on désire obtenir). Laissez tiédir avant de démouler.

Pour le glaçage :

6. Dans une casserole, **faites fondre le chocolat cassé en petits morceaux avec le beurre.**
7. **Ajoutez le sucre glace tout en mélangeant vigoureusement, puis l'eau froide. Laissez tiédir le glaçage avant de l'étaler sur le gâteau à l'aide d'une spatule.**

Pour la décoration :

8. **Parsemez le gâteau de noix de coco en poudre et de billes en sucre colorées.**

Top des avis :

" Délicieux ! C'est devenu un de mes classiques ! **Encore plus appétissant si vous avez un joli moule.** " Laure1507

" **Excellent gâteau, je le recommande : léger, savoureux, excellent.** Je vais le refaire demain, il a plu à tous mes invités ! " Laetitiasusu

" Vraiment très bon, les enfants ont adoré ! **J'avais décoré le gâteau avec des Smarties parsemés sur le glaçage.** "
France185

Astuce : Vous pouvez aussi réaliser un glaçage blanc avec du chocolat blanc.

Écrire sur un gâteau

Pour le gâteau :
Chocolat noir pâtissier (200 g)
• Œufs (6) • Sucre (200 g)
• Beurre (180 g) • Farine (80 g)
Pour le glaçage :
Chocolat noir 70 % (100 g)
• Beurre (30 g) • Sucre glace (3 c. à soupe)
• Eau (3 c. à soupe)
Pour la décoration :
Billes en sucre colorées
Noix de coco en poudre

Chocolat
noir pâtissier
(150 g)
Cacao non sucré
(2 c. à soupe)
• Farine (300 g) • Œufs (2)
• Beurre fondu (100 g)
• Lait (20 cl) • Sucre (125 g)
• Levure chimique (1 sachet)
• Sel (½ c. à café)

recette proposée par
Laure_204

MINI MUFFINS DOUBLE-CHOCOLAT

Pour 24 mini muffins
Préparation 15 min - Cuisson 20 min
Très facile
Coût

Top des avis :

" Cette recette est excellente, les petits et les grands se sont régalés. **Accompagne aussi bien une assiette gourmande que le petit déjeuner de la famille.** "
220919

" La deuxième fois, **j'ai ajouté quelques cuillerées de chocolat en poudre dans la pâte sèche.** Et les muffins étaient excellents ! "
Eleaqdr

Astuce : Ces muffins sont meilleurs chauds : s'il vous en reste le lendemain, réchauffez-les une quinzaine de secondes au micro-ondes à puissance maximale.

1. **Cassez le chocolat en petits morceaux** à l'aide d'un bon couteau (veillez à ne pas faire trop de miettes).
2. Préchauffez le four à 180 °C.
3. Dans un saladier, **préparez la pâte « sèche » en mélangeant la farine, la levure, le sucre, le cacao, les morceaux de chocolat et le sel.**
4. Dans un autre saladier, **préparez la pâte « liquide » en mélangeant les œufs, le lait et le beurre fondu.**
5. **Versez la pâte liquide sur la pâte sèche. Mélangez rapidement** avec une cuillère en bois : la pâte doit être pleine de grumeaux.
6. **Versez la préparation dans des moules à mini muffin et enfournez pour 20 min** environ.
7. Dégustez tiède.

MOUSSE AU CHOCOLAT

Pour 4 personnes
Préparation 15 min
+ Repos 2 h au moins
Très facile
Coût

❶ **Faites fondre le chocolat.**

❷ **Versez le chocolat** dans un saladier

❸ Séparez les blancs des jaunes d'œuf.

❹ **Incorporez les jaunes d'œuf et le sucre vanillé** au chocolat fondu.

❺ **Battez les blancs d'œuf en neige ferme et ajoutez-les délicatement au mélange** à l'aide d'une spatule.

❻ **Placez au frais pour au moins 2 h.**

Top des avis :
" Pas de beurre, pas de sucre, facile, rapide et surtout très bonne, très aérée. **N'hésitez pas sur la qualité du chocolat, elle n'en sera que meilleure.** " Casper85

" Cette recette est simplement excellente ! Mon concubin a adoré et en redemande ! **J'y ai ajouté un peu de rhum la seconde fois, cela relève un peu le goût de la mousse.** " Panthera

" Excellente et super légère : avec cette quantité, j'ai fait 6 verrines et **j'ai ajouté quelques noisettes concassées pour la déco ! Un régal.** " Jasonnette31

Astuce : Râpez 2 carrés de chocolat dans la mousse, juste après avoir mélangé les blancs avec le chocolat. Un petit effet légèrement croquant qui donnera vie à votre mousse.

Chocolat noir 70 %
(100 g)
• Œufs (3)
• Sucre vanillé
(1 sachet)

Chocolat noir pâtissier (125 g)
• Beurre (125 g) • Sucre (125 g) • Farine (50 g) • Œufs (3)

PAVÉ AU CHOCOLAT

Pour 6 personnes
Préparation 15 min
Cuisson 15 min
Très facile
Coût

1. Préchauffez le four à 160 °C.
2. Dans une casserole, **faites fondre le chocolat et le beurre coupés en morceaux.**
3. Dans un saladier, **mélangez le sucre et les œufs entiers.**
4. **Ajoutez le mélange chocolat-beurre fondu et la farine.** Remuez bien.
5. **Beurrez un moule carré (ou à tarte), versez-y la pâte et enfournez pour 15 min** (pas plus !).
6. Dès la sortie du four, découpez le gâteau en petits carrés. Laissez-les refroidir avant de déguster.

Top des avis :

" C'était très bon. **J'ai ajouté des amandes effilées.** Un gâteau très facile à faire : à refaire donc sans modération ! " Claudie_80

" **Ma recette fétiche. Je mets un peu plus de chocolat et fais cuire dans des moules individuels en silicone.** Je laisse refroidir un peu avant de démouler : cuit à l'extérieur, fondant à l'intérieur ! " Pcdb

" Très simple, très rapide et très réussi. **Parfait pour assouvir une envie de chocolat...** Cuisson parfaite dans des moules à muffin. " Fred2d

Astuce : Pour varier, vous pouvez ajouter des noix de pécan ou des petits morceaux de banane.

RAMEQUINS FONDANTS AU CHOCOLAT

Pour 4 personnes
Préparation 10 min
Cuisson 12 min
Très facile
Coût

❶ Préchauffez le four à 210 °C.

❷ Dans une casserole, **faites fondre le chocolat et le beurre** coupés en morceaux en remuant régulièrement pour former une pâte homogène et onctueuse.

❸ Dans un saladier, **mélangez les œufs, le sucre et la farine. Incorporez la préparation chocolatée et mélangez.**

❹ **Versez un tiers de la préparation dans des ramequins individuels. Déposez 2 carrés de chocolat dans chacun des 4 ramequins, puis recouvrez-les avec le reste de la préparation chocolatée.**

❺ **Placez les ramequins au four pour environ 12 min,** pas plus ! Dégustez de préférence chaud ou tiède.

Top des avis :
" **J'ai remplacé les carrés de chocolat par du caramel au beurre salé** et c'était excellent. Les proportions sont parfaites ! Merci. " Laurinecb

" Très bonne recette, **on peut aussi remplacer le carré de chocolat noir par du chocolat blanc avec une framboise !** " Saboukou83

" **C'est tout simplement délicieux, servi avec une boule glace vanille.** À faire et à refaire, car en plus, c'est simple et rapide. " Vivisem

Astuce : Vous pouvez préparer la pâte à l'avance et garnir les ramequins au dernier moment.

Chocolat noir pâtissier

(120 g + 8 carrés)

• Œufs (3) • Sucre (80 g) • Beurre (35 g) • Farine (1 c. à soupe)

Chocolat
noir 70 % (200 g)
• Œufs (4) • Beurre (125 g)
• Sucre (200 g)
• Farine (100 g)
• Levure chimique
(1 sachet)

recette proposée par
Clementine_4

GÂTEAU AU CHOCOLAT DES ÉCOLIERS

Pour 6 à 8 personnes
Préparation 15 min
Cuisson 25 min
Facile
Coût

Top des avis :

" **Un classique à la maison depuis qu'on l'a découvert !** Facile et inratable. " Christine_174

" **J'ai doublé la quantité de chocolat** et c'est vraiment terrible ! " Tchoupie06

" Excellent ! J'ai juste mis un peu moins de sucre et **j'ai ajouté de la noix de coco râpée.** " Chouchounette64

Astuce : Pour un démoulage facile, garnissez le moule d'une feuille de papier sulfurisé, en la laissant dépasser largement.

1. Préchauffez le four à 180 °C.
2. **Faites fondre le chocolat** au bain-marie ou au micro-ondes. Si vous le faites fondre au micro-ondes, ajoutez 3 c. à soupe d'eau.
3. **Ajoutez le beurre coupé en morceaux et mélangez bien pour qu'il fonde complètement.**
4. Dans un saladier, **fouettez les œufs et le sucre puis incorporez la levure et la farine.**
5. **Versez le chocolat fondu et mélangez** jusqu'à l'obtention d'une pâte homogène.
6. **Versez la préparation dans un moule à manqué beurré et fariné. Enfournez pour 25 min** (adaptez le temps de cuisson pour obtenir un cœur plus ou moins fondant).

TARTE AU CHOCOLAT

Pour 6 personnes
Préparation 25 min - Cuisson 10 min
Très facile
Coût

Top des avis :

“ **Le chocolat de la garniture est bien fondant et a un excellent goût !** Bravo ! N'hésitez pas à parsemer des copeaux de chocolat au lait après la cuisson, c'est tout aussi bon ! ” Bney

“ **Excellent et pas trop sucré.** Même en été, c'est un régal. ” Cl84mil

“ Trop bonne ! **J'ai mis un peu moins de crème et j'ai ajouté de la noix de coco râpée.** J'ai utilisé de la pâte tout choco déjà toute prête. C'était divin ! ” Rachel_222

“ **J'ai trouvé que la tarte était meilleure le lendemain,** plus légère et fondante. ” Stéphanie_4206

Astuce : Vous pouvez épicer un peu la crème en ajoutant une pointe de muscade ou de piment d'Espelette.

1. Préchauffez le four à 180 °C.

Pour la pâte :

2. **Mélangez la farine, le sucre et le sel.**
3. Faites un puits au centre, **déposez le beurre coupé en dés et mélangez** du bout des doigts : vous devez obtenir une consistance sableuse.
4. **Ajoutez l'œuf, mélangez sans trop travailler la pâte et formez une boule.**
5. **Étalez la pâte et déposez-la dans de petits moules à tarte. Recouvrez-les de papier sulfurisé et de légumes secs puis enfournez-les pour 15 min.**

Pour la garniture :

6. **Faites fondre le chocolat avec la crème et le lait au micro-ondes.** Remuez bien et laissez refroidir.
7. **Lorsque le fond de pâte est cuit, ajoutez l'œuf battu au mélange chocolat-crème.**
8. **Versez le tout sur la pâte et enfournez pour 10 min.**

Pour la pâte :
• Farine (200 g) • Beurre (100 g) • Œuf (1) • Sucre (40 g) • Sel (1 pincée)
Pour la garniture :
Chocolat noir 70 % (200 g)
Crème fraîche liquide (20 cl)
• Lait (8 cl) • Œuf (1)

Chocolat noir pâtissier (120 g)

• Beurre (90 g) • Sucre (100 g) • Œufs (3) • Farine (110 g) • Levure chimique (½ sachet)

recette proposée par
Mili2201

MADELEINES TOUT CHOCOLAT

Pour 20 grosses madeleines
Préparation 15 min
+ Repos 30 min
Cuisson 12 min
Très facile
Coût

1. Préchauffez le four à 220 °C.
2. Dans un saladier, **battez les œufs avec le sucre** jusqu'à ce que le mélange mousse. **Ajoutez la farine et la levure.**
3. **Faites fondre le beurre et le chocolat séparément puis incorporez-les au mélange précédent.**
4. Placez la pâte au réfrigérateur pour 30 min.
5. **Déposez 1 grosse c. à café de pâte dans des empreintes à madeleine** en silicone.
6. **Enfournez pour 5 min puis baissez la température du four à 200 °C et poursuivez la cuisson encore 7 min.**

Top des avis :
" **N'ayant pas de moules à madeleines, j'ai fait des carrés d'aluminium de 3 à 4 cm de hauteur** que j'ai mis sur la plaque du four. Impeccable pour le démoulage. " Vero0035

" **Terribles ! J'ajoute un petit carré de chocolat noir au centre, avant la cuisson,** pour avoir un effet très chocolat en mordant dedans ! "
Veromoun

Créer un serviteur avec des assiettes

Astuce : Pour obtenir la petite bosse emblématique de la madeleine, il faut créer un choc thermique : il faut donc que la pâte soit très froide et le four très chaud.

recette proposée par
Ania

TRUFFES AU CHOCOLAT

Pour 20 à 30 truffes
Préparation 30 min
+ Repos 1 h
Très facile
Coût

❶ **Cassez le chocolat en petits morceaux. Faites-le fondre au bain-marie.**

❷ **Ajoutez progressivement le beurre** coupé en petits dés. Mélangez.

❸ **Hors du feu, ajoutez les jaunes d'œuf, le sucre vanillé et le sucre glace.** Mélangez bien.

❹ **Laissez reposer la pâte** au réfrigérateur pendant au moins 1 h afin qu'elle se solidifie.

❺ Ensuite, **prélevez des noix de pâte, formez des petites boulettes et roulez-les dans le cacao en poudre.**

❻ Disposez-les sur un plat et placez-les au frais jusqu'au moment de servir.

Top des avis :
" **Recette vraiment inratable,** les truffes se tiennent très bien, elles sont parfaites ! " Elvire59

" **J'ai roulé une partie des truffes dans le cacao, une partie dans de la poudre d'amandes et le reste dans de la poudre de noisettes.** Excellente recette ! " Babou0603

Faire des truffes au chocolat

Astuce : Pour un effet croquant, ajoutez une noisette au centre de chaque truffe avant de les rouler dans le cacao.

Chocolat noir 70 % (250 g)
Cacao en poudre (50 g)
• Beurre (125 g) • Jaunes d'œuf (2) • Sucre vanillé (1 sachet) • Sucre glace (125 g)

LE CHOCOLAT,
JE LE MARIE AVEC QUOI ?

Ce que l'on aime par-dessus tout avec le chocolat noir, c'est qu'il est comme *la* petite robe noire, il va avec tout et s'adapte à nos envies, quelle que soit la saison. Si la collection automne-hiver lui va comme un gant et s'avère plus que réconfortante avec ses marrons, noisettes, bananes, agrumes et autres douceurs épicées, caramélisées ou pralinées, la collection printemps-été n'a pas à rougir : fraises gorgées de soleil, rhubarbe et framboises acidulées habillent le chocolat noir avec brio.

recette proposée par
Jessica_5

TARTE CLÉMENTINE CHOCOLAT

Pour 8 personnes
Préparation 30 min
Cuisson 25 min
+ Repos 4 h
Facile
Coût

Top des avis :

" **Une tarte excellente dont les saveurs raviront les amateurs de clémentines et/ou de chocolat.** En panne de fécule, j'ai utilisé de la Maïzena et n'ai mis les zestes que d'une seule clémentine (largement suffisant). " Sekh

" **Recette originale et très bonne. Facile à réaliser.** À réserver au frais pendant quelques heures car c'est meilleur. " Audrey_1929

" Tout simplement excellent ! **Ne pas hésiter à mettre deux clémentines de plus.** "
Sylviane_46

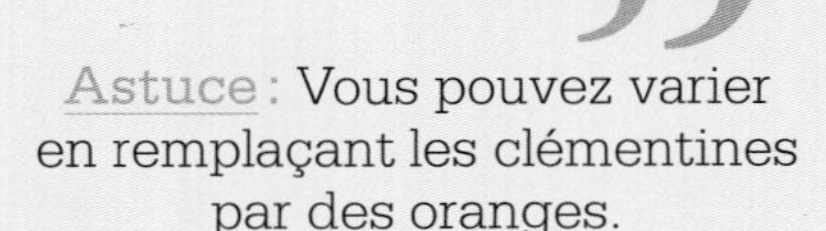

Astuce : Vous pouvez varier en remplaçant les clémentines par des oranges.

Pour la pâte sablée :

1. Préchauffez le four à 180 °C.
2. Dans un saladier, **mélangez la farine, le sucre et le sel.**
3. **Ajoutez le beurre coupé en petits morceaux ainsi que le jaune d'œuf** et travaillez avec les doigts jusqu'à obtenir une consistance sableuse. **Ajoutez un peu d'eau (environ 3 c. à soupe) pour pouvoir former une boule.**
4. **Étalez la pâte au rouleau,** sur un plan de travail fariné (si le beurre a trop ramolli et que la pâte colle, placez-la 10 min au congélateur).
5. **Garnissez un moule à tarte beurré avec la pâte et couvrez-la de papier sulfurisé et de légumes secs.**
6. **Enfournez pour 25 min.**

Pour la crème à la clémentine :

7. Lavez et brossez les clémentines.
8. **Dans une casserole, râpez le zeste de 2 clémentines et pressez les 4. Ajoutez le sucre et la fécule et faites chauffer à feu doux.**
9. Pendant ce temps, **battez les œufs** dans un bol. **Hors du feu, versez les œufs dans la casserole et fouettez à nouveau le tout. Remettez sur feu très doux et laissez chauffer en remuant constamment.** Retirez la casserole du feu dès que le mélange commence à prendre.
10. **Lorsque le fond de tarte est cuit, versez la crème dessus. Placez-la au réfrigérateur 1 à 2 h.**

Pour le nappage au chocolat :

11. **Faites fondre le chocolat et le beurre au bain-marie.** Hors du feu, **ajoutez le sucre glace et remuez** bien.
12. **Versez le nappage sur la tarte, lissez avec une spatule.**
13. Placez la tarte au réfrigérateur quelques heures.

Pour la pâte sablée :

• Farine (250 g) • Beurre (125 g) • Sucre (50 g) • Jaune d'œuf (1) • Sel (1 pincée)

Pour la crème à la clémentine :

Clémentines, non traitées de préférence (4)

• Œufs (3) • Sucre (100 g) • Fécule (1 c. à café)

Pour le nappage au chocolat :

Chocolat noir 70 % (100 g)

• Beurre (25 g) • Sucre glace (50 g)

Biscuits à la cuiller (30)
Poires au sirop (1 grosse boîte)
Chocolat noir pâtissier (200 g)
• Œufs (6) • Sel (1 pincée)

CHARLOTTE FACILE POIRE CHOCOLAT

Pour 6 personnes
Préparation 45 min
+ Repos 9 h
Facile
Coût

Top des avis :

" **Super recette !** La prochaine fois, je mettrai juste des biscuits cuiller de meilleure qualité, les miens étaient un peu trop secs ! Mais la recette reste parfaite ! " Marilou0390

" **J'ai réalisé cette charlotte avec une mousse au chocolat praliné, avec noisettes caramélisées,** pour Noël et ce fut exquis ! Recette à faire et refaire ! " Arevik

" Pour ma 1re charlotte c'était un vrai succès ! **J'ai juste ajouté un bouchon de rhum pour le trempage des biscuits.** " Pauline_525

Astuce : Pour un démoulage parfait, garnissez le moule de film alimentaire dépassant largement avant de monter la charlotte.

1. Au moins 3 h à l'avance, préparez la mousse au chocolat : **faites fondre le chocolat avec 4 c. à soupe d'eau. Mélangez bien.**
2. Séparez les blancs des jaunes d'œuf.
3. Dans un saladier, **ajoutez les jaunes d'œuf au chocolat et mélangez énergiquement.**
4. Dans un autre saladier, **battez les blancs d'œuf en neige ferme avec une pincée de sel. Incorporez-les délicatement au mélange œufs-chocolat.**
5. Laissez la mousse au chocolat reposer 3 h au réfrigérateur.
6. Quand la mousse au chocolat est prête, **trempez les biscuits dans le sirop des poires et recouvrez-en le fond et les parois d'un moule à charlotte.**
7. **Coupez les poires en tranches ou en morceaux.**
8. **Alternez une couche de poires, une couche de mousse au chocolat et une couche de biscuits imbibés.**
9. Couvrez avec une assiette puis placez au réfrigérateur 3 h minimum.
10. Vous pouvez décorer le dessus de la charlotte d'une poire coupée en lamelles.

recette proposée par
Sophie_152

BANANES AU CHOCOLAT

Pour 4 personnes
Préparation 15 min
Cuisson 10 min
Très facile
Coût

1. Préchauffez le four à 200 °C.
2. À l'aide d'un couteau (et sans les éplucher), **réalisez une fente dans chaque banane.**
3. **Garnissez chaque fente de carrés de chocolat.**
4. **Enveloppez chaque banane dans du papier d'aluminium** en formant une papillote.
5. **Placez-les sur la plaque du four et enfournez pour une dizaine de minutes :** le chocolat doit être fondu.

Top des avis :
" **Rajoutez une petite flambée au rhum, c'est super bon.** " Sylviedelarochelle

" Cette recette est bonne mais **en ajoutant de la chantilly par-dessus, c'est encore meilleur !** Cela adoucit le chocolat noir qui peut paraître un peu amer au premier abord. " Ln555

" Un vrai régal ! **J'ai utilisé du Nutella, c'est encore meilleur, le goût de la noisette ressort vraiment bien.** " Aurélie_684

Astuce : Vous pouvez réaliser cette recette au barbecue : déposez alors les bananes en papillote sur une grille ou directement dans la braise.

Bananes (4)
Chocolat noir 70 % (200 g)

Cerneaux de noix (300 g)
Chocolat noir 70 % (225 g)
Poudre d'amandes (75 g)
• Beurre (225 g) • Œufs (4)
• Sucre (190 g) • Farine (75 g)
• Levure chimique (1 c. à café)

VÉRITABLES BROWNIES AUX NOIX

Pour 40 brownies
Préparation 20 min
Cuisson 20 à 25 min
Facile
Coût

1. Préchauffez le four à 180 °C.
2. Dans un bol, **faites fondre le chocolat cassé en morceaux avec le beurre** au micro-ondes.
3. Dans un saladier, **mélangez les œufs, le sucre et la poudre d'amandes.**
4. **Incorporez le mélange beurre-chocolat.**
5. **Ajoutez la farine et la levure, puis les noix grossièrement hachées.**
6. **Versez la préparation dans un moule rectangulaire** (20 x 28 cm) beurré et **laissez cuire 20 à 25 min au four.**
7. Laissez tiédir 5 min avant de démouler. Une fois refroidi, détaillez le gâteau en carrés.

Top des avis :
" Le résultat correspond exactement à ce que je cherchais. **Texture parfaite, goût de brownies comme attendu.** "
Manu_1

" **Exquis ! Mes invités se sont régalés, moi aussi !** La prochaine fois je ferai cuire 2-3 min de plus, pour mieux le découper. Mais alors quel goût ! "
Alexandre1507

Astuce : Remplacez les noix par des pépites de chocolat.

recette proposée par
Magali_19

BÛCHE DE NOËL AU PAIN D'ÉPICES

Pour 8 personnes
Préparation 30 min + Repos 12 h
Facile
Coût

Top des avis :

" **Excellente recette pour une très belle bûche !** Je l'ai faite un peu plus de 24 h avant de la servir et elle se tenait très bien. " Clémence_439

" **Géniale, cette recette est parfaite pour Noël.** Je fais mon pain d'épices moi-même... un délice. " Emmanuelle_1357

" **Nous l'avons servie avec une boule de glace vanille et de la crème anglaise,** c'était délicieux ! " Gisous

Astuce : Vous pouvez ajouter quelques écorces d'orange et remplacer le mélange rhum-eau par du jus d'orange ou de l'eau de fleur d'oranger.

Réaliser des copeaux de chocolat

1. **Cassez 400 g de chocolat en morceaux puis faites-les fondre avec 8 c. à soupe d'eau au bain-marie.**
2. **Ajoutez le mélange quatre-épices** et laissez refroidir.
3. **Placez la crème liquide au congélateur pendant 5 min puis battez-la au fouet électrique jusqu'à ce qu'elle soit ferme. Incorporez-la délicatement au chocolat refroidi.**
4. Tapissez un moule à cake de film alimentaire.
5. **Versez la moitié de la préparation dans le fond du moule. Couvrez avec 4 tranches de pain d'épices trempées rapidement dans le mélange rhum-eau. Renouvelez encore une fois l'opération (crème puis pain d'épices). Terminez par une fine couche de crème.**
6. Placez le moule au réfrigérateur et **laissez reposer pendant 12 h.**
7. Pour la décoration, **faites fondre le chocolat restant au bain-marie sans ajouter d'eau. Étalez-le en une mince couche sur une surface plane. Laissez prendre au réfrigérateur puis raclez la surface avec une lame de couteau pour former de larges copeaux.**
8. **Démoulez la bûche, retirez le film alimentaire et décorez-la avec les copeaux de chocolat ou des zestes d'oranges confites.**

Chocolat noir 70 % (600 g)
Pain d'épices (8 tranches)
Mélange rhum + eau (2 + 3 c. à soupe)
Quatre-épices (½ c. à café)
• Crème liquide (40 cl)

Poudre de noisettes (200 g)
Noisettes écrasées (50 g)
Chocolat noir pâtissier (50 g)
• Beurre (125 g) • Œufs (4) • Sucre (200 g) • Farine (120 g) • Levure chimique (2 c. à café)
• Sel (1 pincée)

recette proposée par
Gigi

TIRÖLER CAKE AU CHOCOLAT ET NOISETTES

Pour 6 personnes
Préparation 30 min - Cuisson 35 min
Moyennement difficile
Coût

Top des avis :

" Délicieux, **ne pas hésiter à mettre plus de chocolat !** "
Vero_124

" Excellent ! **J'ai mis de la poudre d'amandes à la place de la poudre de noisettes et moins de sucre.** Ce gâteau est frais et fond dans la bouche. " Ptiboudom

" Parfait ! **Fondant et moelleux à la fois, délicatement parfumé, succulent au petit déjeuner !** "
Celine_1

Astuce : Si la pâte ne vous semble pas assez souple, n'hésitez pas à ajouter un peu de lait.

1. Préchauffez le four à 180 °C.
2. Séparez les blancs des jaunes d'œuf.
3. Dans un saladier, **mélangez le beurre préalablement fondu, les jaunes d'œuf et la pincée de sel.**
4. **Ajoutez la poudre de noisettes, les noisettes écrasées, la farine, le sucre et la levure**.
5. **Incorporez le chocolat** en morceaux.
6. **Battez les blancs d'œuf en neige ferme et incorporez-les à la pâte.**
7. **Beurrez un moule à cake. Versez-y la pâte et enfournez pour 35 min.**

recette proposée par
Drichbam

TARTE CHOCOLATÉE AUX FRAISES

Pour 8 personnes
Préparation 30 min - Cuisson 15 min
+ Repos 4 h
Facile
Coût

Top des avis :
“ **Le mélange mascarpone-fraise + chocolat fonctionne bien,** nos convives ont beaucoup aimé. Bonne recette. ” Marilyne_69

“ Tout le monde a adoré, attention à bien laisser prendre la tarte au frais (quelques heures) pour que la crème ne coule pas au découpage. **Avis général : encore meilleure le lendemain** (pour le peu qu'il en restait) ! ”
Nadia_849

Astuce : Vous pouvez ajouter quelques framboises entre les fraises.

Foncer un moule à tarte

❶ Préchauffez le four à 180 °C.

❷ **Foncez un plat à tarte avec la pâte sablée.** Recouvrez-la de papier sulfurisé et de haricots secs puis **enfournez-la 15 min** en veillant à ce qu'elle garde une forme correcte (si nécessaire, sortez-la quelques secondes pour lui redonner forme à l'aide d'une cuillère ou d'une spatule).

❸ **Faites fondre le chocolat avec un peu de lait** pour obtenir un mélange brillant et onctueux. Versez-le sur la pâte et laissez refroidir le tout.

❹ Préparez la garniture : **battez au fouet** (ou mieux, au robot) **le mascarpone mélangé au sucre, jusqu'à obtenir une crème. Ajoutez le fromage blanc et fouettez encore.**

❺ **Étalez la garniture sur la pâte chocolatée.**

❻ **Coupez les fraises puis placez-les sur la tarte.**

❼ Pour la finition : **réchauffez quelques cuillerées de gelée de groseilles** avec un peu d'eau pour la rendre un peu plus liquide, **puis badigeonnez-en les fraises. Laissez prendre au réfrigérateur au moins 4 h.**

Fraises (500 g)
Pâte sablée
(1 rouleau)
Chocolat noir pâtissier
(100 g)
Gelée de groseilles
(quelques cuillerées)
Mascarpone (250 g)
• Lait • Sucre (4 c. à soupe)
• Fromage blanc
(6 c. à soupe)

Chocolat noir 70 % (200 g)
Noisettes (60 g)
• Crème fleurette (25 cl)
• Lait (10 cl) • Œuf (1)
• Jaunes d'œuf (2) • Sucre
(75 g) • Beurre (75 g)
• Farine (100 g)

recette proposée par
Lamissmarie

CRUMBLE AU CHOCOLAT

Pour 6 personnes
Préparation 30 min - Cuisson 40 min
Facile
Coût

Top des avis :

" Mmmm... **Essayez avec des amandes et n'hésitez pas à rajouter des fruits** (poires, bananes, ananas...) ! " Helene_105

" **Super dessert pour les amateurs de chocolat.** Tous mes invités ont adoré ! Facile à réaliser, j'ai juste remplacé les noisettes par des amandes et ajouté un peu d'amandes en poudre au mixage. Délicieux. " Anonyme

" **J'ai utilisé du pralin plutôt que des noisettes entières,** par conséquent, je n'ai pas eu besoin de mixer et j'ai obtenu des miettes parfaites ! " Manon_218

" C'est très bon, tout le monde a aimé ! L'ajout du chocolat donne un goût subtil (80 g, c'est plus discret). **Avec 2 boules de glace vanille, c'est un grand dessert !** "
Anonyme

Astuce : Les noisettes peuvent être remplacées par des noix. Ce crumble est délicieux tiède accompagné d'une boule de glace vanille.

1. Préparez le crumble : **dans une petite casserole, mettez les noisettes avec le sucre et un peu d'eau. Quand il commence à fondre et à se transformer en caramel, ôtez la casserole du feu.** Laissez refroidir.
2. **Mixez les noisettes caramélisées au mixeur puis versez-les dans un saladier.**
3. **Ajoutez la farine et, enfin, le beurre coupé en dés. Mélangez sans trop travailler la pâte.**
4. **Faites bouillir la crème fleurette et le lait puis, hors du feu, ajoutez le chocolat coupé en petits morceaux. Laissez reposer 5 min puis mélangez** la préparation jusqu'à ce qu'elle soit bien homogène.
5. Préchauffez le four à 120 °C en glissant la grille au tiers supérieur du four.
6. Dans un bol, **battez l'œuf et les jaunes d'œuf. Ajoutez-les à la préparation au chocolat :** elle doit épaissir.
7. **Versez-la dans un plat à gratin et répartissez dessus, très délicatement, les miettes de crumble. Enfournez pour 40 min.**
8. Allumez le gril du four et faites dorer le dessus du crumble, sans le laisser brûler. Servez tiède ou froid.

TARTE MARBRÉE CITRON CHOCOLAT

Pour 6 personnes
Préparation 15 min
Cuisson 30 min
Facile
Coût

1. Préchauffez le four à 180 °C.
2. Dans un saladier, **battez les œufs et le sucre** jusqu'à l'obtention d'une mousse claire et volumineuse.
3. **Ajoutez le beurre fondu, la crème fraîche, le jus et le zeste râpé du citron. Fouettez bien** pour obtenir une consistance homogène.
4. **Faites fondre le chocolat au bain-marie** (ou au micro-ondes).
5. **Déroulez la pâte brisée dans un moule à tarte,** en conservant la feuille de cuisson.
6. **Versez la crème au citron sur le fond de tarte, puis le chocolat fondu en formant des zébrures** (ne mélangez pas).
7. **Enfournez pour 30 min** dans la partie basse de votre four. À savourer bien frais.

Top des avis :
" Rien ne vaut une bonne pâte faite maison mais, sinon, c'est une excellente idée. **Classique, certes, mais garante de réussite.** " Avgane

" Superbe ! Délicieuse ! **Les goûts du citron et du chocolat se marient à merveille.** Rapide et simple à faire. " Chantal_1037

Préparer une pâte brisée

Astuce : Pour obtenir de jolies zébrures, utilisez une cuillère à café ou un couteau que vous trempez dans le chocolat.

Pâte brisée
(1 rouleau)
Chocolat noir 70 %
(100 g)
Citron non traité (1)
• Œufs (4) • Beurre (50 g)
• Sucre (150 g) • Crème
fraîche épaisse ou
liquide (2 c. à soupe)

Chocolat noir pâtissier (300 g)
Cannelle (1 pointe)
Extrait de vanille (1 c. à café)
Rhum ambré (2 c. à soupe)
Noisettes ou noix concassées (150 g)
Noix de coco râpée (150 g)
Bananes (3) - Poires (3)
Mandarines (3) - Chamallows (12)
Fruits secs : dattes, figues, pruneaux (une poignée)
• Lait (2 c. à soupe) • Crème fraîche (25 cl) • Beurre (40 g)
• Jus de citron

FONDUE AU CHOCOLAT

Pour 6 personnes
Préparation 30 min - Cuisson 10 min
Très facile
Coût

Top des avis :

" Pour l'accompagnement, on a pris : **chamallows, fraises Tagada, fraises, oranges, bananes, pommes, noix de coco râpée.** Mmmm ! " Paulinea

" Cette recette est parfaite tout simplement, les proportions, le goût, la facilité... **Tout le monde a adoré, même ceux qui soi-disant « ne sont pas chocolat ».** Il n'en est pas resté une cuillère ! " Stephanie_2525

Astuce : Variez en roulant les fruits ou les bonbons dans de la poudre d'amandes, des noix concassées ou des vermicelles multicolores.

1. **Épluchez les fruits et coupez-les en tranches** (sauf les mandarines).
2. Arrosez-les de jus de citron et **disposez-les dans un plat de service avec les fruits secs.**
3. Mettez la noix de coco et les noisettes dans des coupelles.
4. **Dans un poêlon placé au bain-marie, cassez le chocolat en morceaux et ajoutez le lait. Lorsque le chocolat est fondu, ajoutez la crème en lissant** le mélange au fouet.
5. Au dernier moment, **incorporez le beurre coupé en morceaux ainsi que la vanille, la cannelle et le rhum. Remuez.**
6. Portez le poêlon sur le réchaud entouré des ingrédients. Chacun pique tour à tour un morceau de fruit sur sa fourchette, le plonge dans le chocolat, puis le roule dans la coupelle de son choix.

GÂTEAU CHOCOLAT PRALINÉ

Pour 6 personnes
Préparation 20 min
Cuisson 25 min
Très facile
Coût

1. Préchauffez le four à 180 °C.
2. **Faites fondre le chocolat au bain-marie avec le beurre coupé en morceaux et l'eau.**
3. Dans un saladier, **battez les œufs.**
4. **Ajoutez le sucre en poudre, le pralin, la farine et la levure. Mélangez.**
5. **Versez le chocolat fondu sur le mélange à base d'œufs. Mélangez** jusqu'à l'obtention d'une pâte homogène.
6. **Versez la préparation dans un moule à manqué beurré. Enfournez pour 25 min** environ.

Top des avis :
" Texture fondante mais pas trop coulante, **goût extraordinaire, simplicité et rapidité...** Que du plus ! " Jennifer02

" Excellente recette. Moi, je n'avais pas assez de pralin alors **j'ai complété avec de la poudre de noisettes.** Super facile et bonne ! "
Tikaro

Astuce : Vous pouvez remplacer le chocolat et le pralin par de la Pralinoise, en même quantité.

Chocolat noir 70 % (200 g)
Pralin (100 g)
• Œufs (3) • Beurre (150 g)
• Sucre (100 g) • Farine (50 g)
• Eau (2 c. à soupe) • Levure chimique (½ sachet)

Chocolat noir pâtissier (300 g)
Écorces d'oranges confites coupées en petits morceaux (4 c. à soupe)
Cerises confites (15)
Amandes et noisettes entières
• Pistaches fraîches (facultatif)

recette proposée par
Raphaele_1

MENDIANTS INRATABLES

Pour 30 mendiants
Préparation 35 min + Repos 2 h
Très facile
Coût

Top des avis :

" Très faciles à réaliser, très bons, **ils font beaucoup d'effet avec divers fruits confits.** Un vrai régal ! " Danette01

" Bonne recette, facile à réaliser ! **J'ai testé avec du chocolat noir et de la Pralinoise.** " Aurélie_18

" Effectivement très simple. **J'ai remplacé les cerises confites par des abricots secs** et ajouté des raisins blonds. " Anonyme

" **Excellent ! J'ai mis sur les palets de chocolat des noisettes caramélisées et des raisins secs.** Les mendiants ont remporté un vif succès. À faire absolument ! " Guillaume_294

Astuce : Variez les plaisirs en réalisant ces mendiants avec du chocolat au lait ou du chocolat blanc.

Réaliser des mendiants

1. **Faites fondre le chocolat au bain-marie.**
2. Sur une grande plaque recouverte de papier sulfurisé, **étalez à espace régulier l'équivalent d'une petite cuillère à soupe de chocolat.**
3. **Déposez sur chaque mendiant une amande, une noisette, trois ou quatre petits morceaux d'orange confite, une demi-cerise et, éventuellement, une ou deux pistaches.**
4. Laissez refroidir puis durcir dans un endroit bien sec et frais.

recette proposée par
Guigue70

MINI MUFFINS CHOCO-NOISETTES

Pour 20 mini muffins
Préparation 15 min
Cuisson 15 min
Très facile
Coût

1. Préchauffez le four à 180 °C.
2. Au bain-marie, **faites fondre le chocolat cassé en morceaux avec le beurre** préalablement coupé en dés.
3. Une fois le tout bien fondu, **remuez à l'aide d'une spatule.** Versez le tout dans un saladier.
4. **Ajoutez le sucre, les œufs entiers, la poudre d'amandes et les noisettes concassées. Mélangez.**
5. **Versez la préparation dans des moules à mini muffin et enfournez pour 15 min.**
6. Démoulez une fois les muffins tièdes.

Top des avis :
" Bravo ! **J'en ai même fait avec de la noix de coco.** Excellent, merci ! " Romaralex

" C'était vraiment bien, le moelleux et le fondant en même temps. **La proportion des ingrédients dans cette recette est parfaite : rien à ajouter ni à enlever.** " Brimbelle

" **Pour ma part, je les ai faits dans des petites caissettes en papier et c'est génial** pour l'esthétique, le transport et la dégustation... qui fut rapide. " Marina_6

Astuce : Vous pouvez remplacer les noisettes concassées par de la poudre de noisettes et/ou ajouter des pépites de chocolat.

Chocolat noir pâtissier
(165 g)
Poudre d'amandes
(65 g)
Noisettes concassées
(65 g)
• Beurre (130 g) • Sucre (130 g)
• Œufs (3)

Pour le gâteau :
Chocolat noir 70 % (150 g)
Oranges non traitées (1,5)
• Farine (250 g) • Sucre (250 g) • Beurre (250 g + pour le moule) • Levure chimique (1 sachet) • Œufs (4)
Pour le glaçage :
Oranges (1)
Sucre glace (100 g)

recette proposée par
Auyo_1

IRRÉSISTIBLE MOELLEUX ORANGE ET CHOCOLAT

Pour 6 personnes
Préparation 40 min - Cuisson 45 min
+ Repos 5 h
Facile
Coût 

Top des avis :
“ Sublime mélange pour un dessert délicieux. **Je l'ai servi avec une crème anglaise maison.** Mes invités étaient enchantés. Merci. ” Ingrid_81

“ Très simple et très bon. **Bien respecter les doses de jus d'orange,** il faut ça pour bien imbiber le gâteau. ” Landrye

Astuce : Vous pouvez décorer le gâteau avec des rondelles d'oranges confites ou encore des lamelles de mangue.

Préparer une orange

1. Préchauffez le four à 180 °C.
2. Dans une terrine, **travaillez le beurre ramolli avec le sucre** jusqu'à ce que le mélange soit crémeux.
3. **Ajoutez les œufs un à un, puis la farine mélangée à la levure, le zeste râpé des oranges et le jus d'une orange et demie.**
4. **Hachez le chocolat.**
5. **Versez une couche de pâte dans un moule à manqué beurré et fariné et saupoudrez la moitié du chocolat dessus.**
6. **Ajoutez une deuxième couche de pâte, saupoudrez du reste de chocolat et recouvrez avec le reste de pâte. Enfournez pour 45 min.**
7. Cinq minutes avant la fin de la cuisson, **mélangez le sucre glace avec le jus de la dernière orange** dans une casserole. **Faites chauffer jusqu'à ébullition.**
8. **Aussitôt cuit, démoulez le gâteau et arrosez-le de sirop chaud.** Laissez-le s'imbiber puis placez-le au réfrigérateur au moins 5 h.
9. Décorez le gâteau de petits dés d'orange confite ou de quartiers d'orange.

recette proposée par
Crevette

PETITS GÂTEAUX TIÈDES CHOCOLAT-AMANDE

Pour 6 personnes
Préparation 15 min
Cuisson 10 min
Très facile
Coût

1. Préchauffez le four à 180 °C.
2. **Faites fondre le chocolat** au bain-marie ou au micro-ondes.
3. Dans un saladier, **travaillez le beurre et le sucre jusqu'à obtenir un mélange mousseux.**
4. **Ajoutez le chocolat fondu, la poudre d'amandes, les œufs et le rhum.** Mélangez bien.
5. **Beurrez des moules à muffin** en silicone ou, mieux, utilisez des caissettes en papier. **Remplissez-les aux trois quarts.**
6. **Enfournez pour 10 min.** Servez tiède.

Top des avis :
" Faits pour la Saint-Valentin avec, pour accompagner, des quartiers de poires et une crème anglaise : parfait ! **Aussi bons tièdes que froids !** " Julia_218,

" **Merci, c'était un vrai délice !** Un conseil : doublez les quantités, car vous n'en aurez pas assez. " Céline_1726

Créer un serviteur avec des assiettes

Astuce : Remplacez la poudre d'amandes par de la poudre de noisettes ou de noix de coco.

Chocolat noir 70 % (100 g)
Poudre d'amandes (40 g)
Rhum (3 c. à soupe)
• Beurre (80 g) • Sucre (60 g)
• Œufs (2)

Pommes (8)
Chocolat noir 70 % (200 g)
Framboises, fraîches si possible (150 g)
• Farine (250 g)
• Sucre (125 g)
• Beurre mou (200 g)

CRUMBLE AU CHOCOLAT, POMMES ET FRAMBOISES

Pour 8 personnes
Préparation 15 min
Cuisson 20 min
Très facile
Coût

1. Préchauffez le four à 180 °C.
2. **Lavez, pelez et coupez les pommes en cubes.**
3. Dans un saladier, **mélangez la farine, le sucre et le beurre du bout des doigts pour obtenir une pâte sableuse.**
4. À l'aide d'un grand couteau, **hachez le chocolat en pépites puis mélangez-les à la préparation.**
5. **Répartissez les cubes de pommes dans le fond d'un plat à gratin et disposez les framboises par-dessus. Recouvrez le tout avec la pâte à crumble.**
6. **Enfournez pour 20 min.**

Top des avis :
" Excellente recette ! N'ayant pas de framboises, **j'ai mis plus de pommes et respecté les autres proportions.** C'était vraiment bon ! " 7913

" Très bonne recette. **Le chocolat donne un petit côté gourmand.** On s'est régalé. " Marjory_3

" Je n'ai fait ce crumble qu'avec des framboises. **C'est excellent !** " Anonyme

" Excellent ! J'ai fait revenir les pommes et mis un petit moins de sucre. **Le chocolat dans la pâte est une super idée. Servi juste tiède, ce crumble est extra.** " Mickagourmande

Astuce : Pour un crumble encore plus gourmand, ajoutez un peu de poudre de noisettes ou d'amandes dans la pâte.

recette proposée par
Lnpetitefleur

PUDDING POMMES CHOCOLAT

Pour 6 personnes
Préparation 25 min + Repos 20 min
Cuisson 50 min
Très facile
Coût

Top des avis :
“ **J'ai réduit la quantité de sucre à 100 g et j'ai fait un caramel que j'ai versé sur le dessus du pudding après cuisson.** Laissez refroidir. Le croquant du caramel et le moelleux chocolaté du pudding sont un festival pour les papilles ! ” Laetitia_2161

“ **Très bon pudding, seule variante, je n'avais plus de pommes, j'ai mis des poires** à la place. On s'est régalés. ”
Sandrine

Astuce : Pour varier, ajoutez des raisins secs préalablement trempés dans du rhum et un peu de cannelle.

Réaliser un pudding

1. Préchauffez le four à 200 °C.
2. **Coupez le pain rassis en petits morceaux** dans un grand saladier.
3. **Chauffez le lait et versez-le ainsi que le lait concentré sur le pain. Laissez tremper au moins 20 min** en prenant soin de mélanger de temps en temps pour que le pain soit bien imbibé.
4. **Ajoutez le sucre et les œufs, puis le chocolat cassé grossièrement et les pommes coupées en dés.**
5. **Versez le tout dans un grand moule beurré et enfournez pour 50 min.**

Pain rassis
(400 g)
Lait concentré non sucré (1 boîte)
Chocolat noir 70 %
(150 g)
Pommes (2)
• Lait (60 cl) • Œufs (3)
• Sucre roux (200 g)
• Beurre

Pâte sablée
(1 rouleau)
Rhubarbe
(600 à 800 g)
Chocolat noir 70 %
(100 g)
• Sucre (120 g) • Œufs (4)
• Crème fraîche épaisse
(4 c. à soupe)

recette proposée par
Auyo_1

TARTE À LA RHUBARBE ET AU CHOCOLAT

Pour 8 personnes
Préparation 40 min - Cuisson 40 min
Très facile
Coût

Top des avis :
" Vraiment très bonne. La rhubarbe et le chocolat forment une très bonne alliance. **À essayer avec de la Pralinoise !** " Anonyme

" **Un excellent mélange, qui crée toujours la surprise.** Je préfère la tarte froide. " Tichou

" Dé-li-cieux ! **J'aurais dû en faire deux, tout le monde en a repris.** " Virgine_445

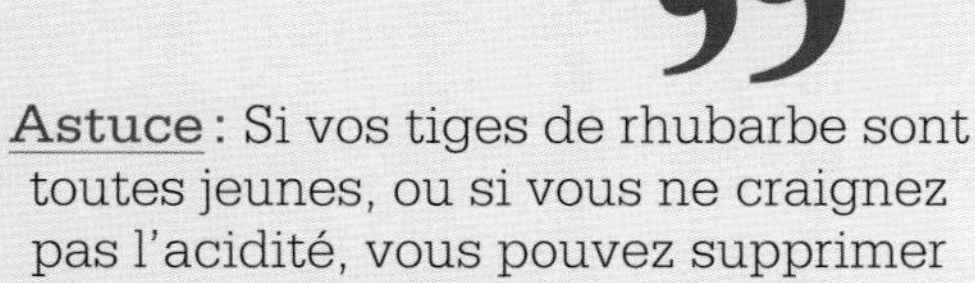

Astuce : Si vos tiges de rhubarbe sont toutes jeunes, ou si vous ne craignez pas l'acidité, vous pouvez supprimer l'étape du blanchiment. Saupoudrez les dés de rhubarbe de 50 g de sucre et laissez-les macérer 1 h (minimum).

Préparer la rhubarbe

1. Préchauffez le four à 180 °C.
2. **Étalez la pâte dans un moule à tarte.**
3. **Faites fondre le chocolat** à feu doux avec 1 c. à soupe d'eau. **Étalez-le sur le fond de pâte.**
4. Lavez et **épluchez la rhubarbe. Coupez-la en tronçons de 1 à 2 cm d'épaisseur.**
5. **Plongez la rhubarbe 5 min dans de l'eau bouillante** afin d'ôter un maximum d'acidité.
6. **Égouttez la rhubarbe puis disposez-la** harmonieusement, en rangs serrés, **sur le chocolat.**
7. Dans un saladier, **mélangez le sucre, les œufs et la crème. Versez cette préparation sur la rhubarbe.**
8. **Enfournez la tarte pour 30 à 35 min.** À déguster tiède (quand le chocolat est encore fondant) ou froid.

recette proposée par
Christelle_54

GÂTEAU MOELLEUX CARAMEL ET CHOCOLAT

Pour 6 personnes
Préparation 30 min
Cuisson 25 min
Très facile
Coût

1. Préchauffez le four à 180 °C.
2. **Faites fondre le chocolat au bain-marie.**
3. Dans une casserole, **préparez un caramel avec le sucre et un peu d'eau : laissez chauffer sur feu doux sans remuer jusqu'à obtenir une jolie couleur caramel.**
4. **Hors du feu, ajoutez petit à petit, en mélangeant bien, le beurre coupé en morceaux, le chocolat fondu puis les jaunes d'œuf un à un.**
5. Dans un saladier, **montez les blancs d'œuf en neige.**
6. **Incorporez-les délicatement à la préparation.**
7. **Beurrez et farinez un moule de 22 cm et versez-y la préparation. Enfournez pour 25 min.**
8. Démoulez le gâteau encore chaud et dégustez-le froid.

Top des avis :

" Délicieux, **attention de ne pas trop faire roussir le caramel** car le goût serait alors trop fort. Tout le monde a adoré. " Amandine_199

" **Attention, au moment d'ajouter le beurre : il ne doit pas être froid,** sinon le choc thermique stoppe la cuisson et le beurre cristallise... " Nanie

Réaliser un caramel à sec

Astuce : Utilisez du beurre demi-sel, le gâteau n'en sera que meilleur.

Chocolat noir 70 %
(225 g)
• Sucre (150 g) • Œufs (4 gros) • Beurre (130 g) • Farine pour le moule

Crème de marrons vanillée (500 g)
Chocolat noir pâtissier (100 g)
• Œufs (3) • Beurre (100 g)
• Beurre + farine (pour le moule)

recette proposée par
Tiloui

FONDANT À LA CRÈME DE MARRONS ET AU CHOCOLAT

Pour 6 à 8 personnes
Préparation 15 min
Cuisson 20 à 30 min
Facile
Coût

1. Préchauffez le four à 150 °C.
2. **Faites fondre le chocolat au bain-marie avec le beurre.** Mélangez jusqu'à obtenir une texture lisse et homogène.
3. **Ajoutez la crème de marrons en fouettant.**
4. Dans un bol, **battez les œufs et incorporez-les progressivement au mélange précédent** en remuant très vivement pour obtenir une préparation homogène.
5. **Versez dans un moule à gâteau beurré et fariné.**
6. **Enfournez pour 20 à 30 min.**

Top des avis :

" **Encore meilleur le lendemain (s'il en reste)** car c'est alors que l'on perçoit le mieux le goût du marron. Et il est toujours moelleux. " Bermi

" Super ! **Très bon équilibre entre le chocolat et le marron.** La prochaine fois, j'essaie en montant les blancs en neige pour apporter un peu de volume. "
Marmitedebronze

" Excellente recette. **Mieux vaut faire cuire un peu moins longtemps que trop** pour que la recette soit fondante. "
Carine_14

Astuce : Vous pouvez également réaliser cette recette en gâteaux individuels : surveillez alors la cuisson au bout de 15-20 min.

TARTE FONDANTE AU CHOCOLAT ET NOIX

Pour 6 personnes
Préparation 25 min - Cuisson 25 min
Très facile
Coût

Top des avis :

" **Un régal** pour cette tarte facile à préparer, **aussi bonne tiède que froide.** " Amélie_1408

" Très bonne recette et facile à réaliser. **J'ai mis plus de noix et je les ai réduites en poudre au mixeur, un vrai délice.** " Lucie_1176

" Excellente. **Je l'ai décorée de quelques cerneaux de noix et servie à température ambiante avec une crème anglaise vanille-rhum.** " Isabelle_1969

" **Très léger pour un dessert aux noix.** Pour ma part, j'ai mis 100 g uniquement de noix et c'est très bien. C'est aussi très bon froid. " Carole_76

Astuce : Vous pouvez décorer la tarte de copeaux de chocolat.

1. Préchauffez le four à 180 °C.
2. **Hachez grossièrement les noix et mettez-les dans un saladier avec le sucre, les œufs et la crème liquide. Remuez** pendant plusieurs minutes, pour obtenir un mélange onctueux et lisse.
3. **Garnissez un moule à tarte** avec la pâte en repliant les bords sur eux-même pour qu'ils soient bien rigides.
4. **Versez la préparation aux noix sur la pâte, en la lissant à la spatule, et enfournez pour 25 min.**
5. **Faites fondre le chocolat et le beurre au bain-marie** puis mélangez bien.
6. **À la sortie du four, nappez le gâteau de chocolat fondu.** Décorez de quelques cerneaux de noix.

Pâte brisée
(1 rouleau)
Chocolat noir pâtissier (150 g)
Cerneaux de noix
(200 g + 20 g)
• Sucre (200 g) • Œufs (3)
• Crème liquide (20 cl)
• Beurre (30 g)

Framboises surgelées ou fraîches (250 g)
Citron (½)
Chocolat noir 70 % (225 g)
• Beurre (125 g) • Lait (25 cl)
• Sucre (150 g) • Jaunes d'œuf (3)
• Cacao non sucré en poudre (1 c. à soupe)

recette proposée par
Cathy_150

TERRINE DE CHOCOLAT AUX FRAMBOISES

Pour 6 à 8 personnes
Préparation 35 min - Cuisson 20 min
+ Repos 12 h
Facile
Coût

Top des avis :

" **J'ai commencé au fond du moule par une couche de framboises, c'est plus joli quand on démoule !** Merci pour cette très bonne recette ! " Agnesb

" J'ai respecté les quantités sauf **pour les framboises (j'ai doublé) et je les ai décongelées dans le sucre** avant de les égoutter. Gâteau excellent. " Patricia_735

" C'est délicieux, vraiment ! **J'ai fait aussi une variante avec quelques gouttes d'huile essentielle d'orange douce et des petits cubes d'orange confite** à la place des framboises, cela a été très apprécié également. " Sophie_3028

Astuce : Vous pouvez bien sûr remplacer les framboises par des fraises.

1. **Faites bouillir 10 cl d'eau avec 100 g de sucre et le jus du citron. Après 5 min de cuisson, plongez-y les framboises et laissez-les cuire 5 min à feu doux.** Laissez refroidir hors du feu.
2. **Faites bouillir le lait.**
3. Dans un saladier, **mélangez vivement les jaunes d'œuf avec les 50 g de sucre restants.** Dès que la préparation blanchit, **incorporez le cacao et peu à peu le lait.**
4. Versez le mélange dans une casserole et **faites cuire cette crème à feu doux sans la faire bouillir.** Arrêtez dès qu'elle accroche à la cuillère.
5. **Faites fondre le chocolat cassé en morceaux au bain-marie puis ajoutez le beurre.** Retirez du feu et remuez.
6. **Attendez 10 min puis incorporez ce mélange à la crème au cacao.**
7. **Garnissez un moule à cake de film alimentaire. Étalez une couche de chocolat puis une couche de framboises égouttées. Terminez par une couche de chocolat. Gardez au frais toute une nuit.**
8. Le lendemain, démoulez la terrine, décorez avec du sucre glace, quelques framboises et quelques brins de menthe si vous le souhaitez.

recette proposée par
Chacou

RAMEQUINS FONDANTS CHOCOLAT FRAMBOISE

Pour 4 personnes
Préparation 15 min
Cuisson 10 min + Repos 2 h
Très facile
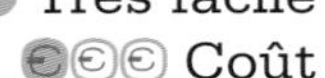 Coût

Top des avis :
“ **Même avec du chocolat blanc à pâtisser, c'est impec' !** Je recommande cette recette ! ”
Jenny8977

“ Excellent dessert ! **J'ai juste mis un peu moins de sucre car j'ai utilisé cette recette en remplaçant les framboises par des petits morceaux de poire coupés en dés !** C'était vraiment une bonne fin de repas ! ”
Morgaane

Astuce : Si vous utilisez des framboises surgelées, laissez-les décongeler avant de les utiliser.

1. Préchauffez le four à 180 °C.
2. **Faites fondre le chocolat et le beurre au bain-marie.**
3. Dans un saladier, **mélangez les œufs et le sucre jusqu'à ce que le mélange blanchisse.**
4. **Ajoutez le chocolat et le beurre fondus,** mélangez énergiquement.
5. **Ajoutez la farine, mélangez puis incorporez délicatement les framboises.**
6. **Versez la préparation dans 4 ramequins** et **enfournez pour 10 min.** À la fin de la cuisson, le dessus du ramequin doit avoir l'aspect d'une croûte mais l'intérieur doit rester fondant.
7. Une fois sortis du four, **laissez refroidir les fondants puis placez-les au réfrigérateur 2 h minimum.** Servez frais… et régalez-vous !

Chocolat
noir 70 % (100 g)
Framboises
(50 g)
• Œufs (2) • Sucre (100 g)
• Beurre (50 g)
• Farine (50 g)

COMMENT FAIRE AIMER LE CHOCOLAT NOIR À CEUX QUI AIMENT LE CHOCOLAT AU LAIT

Vous adorez le chocolat noir, ils prétendent préférer le chocolat
au lait ? Tant mieux, il en restera plus pour vous…
Toutefois, vous rêvez secrètement de pouvoir déguster
vos recettes au chocolat noir préférées avec eux. Qu'à cela
ne tienne, voici des recettes très alléchantes pour introduire
le chocolat noir en douceur et les rendre accro : des bonbons
au chocolat au cake marbré en passant par le saucisson
en chocolat, chocolat noir rime avec espoir…

recette proposée par
Micheline

CHARLOTTE AU CHOCOLAT

Pour 6 à 8 personnes
Préparation 45 min + Repos 12 h
Facile
Coût 

Top des avis :
" Comme je n'aime pas le rhum, **j'ai trempé les boudoirs dans du chocolat, c'était un délice !** "
Missiz

" Excellente recette même si je n'ai pas du tout mis de crème. **C'était très chocolaté, un régal ! Facile à démouler, elle se tient très bien.** "
Claudie_325

" Délicieuse et très facile à faire. **Comme je suis gourmande, j'ai rajouté des pépites de chocolat noir à la mousse.** Merci pour cette recette ! " Popiette

" **C'est très frais et elle est autant appréciée l'été que l'hiver. Un vrai délice, un grand merci.** " Béatrice22

Astuce : Vous pouvez remplacer le rhum par du café fort (type expresso).

Réaliser des copeaux de chocolat

1. **Beurrez légèrement un moule à charlotte et disposez dans le fond un disque de papier sulfurisé.**
2. **Mélangez 10 cl d'eau et le rhum** dans une assiette creuse. **Trempez-y rapidement les biscuits et tapissez-en entièrement le fond et les bords du moule** (côté bombé vers l'extérieur).
3. **Séparez les blancs des jaunes d'œuf.**
4. **Faites fondre le chocolat avec le lait au bain-marie.** Lissez avec une spatule en bois.
5. En maintenant la préparation au bain-marie, **ajoutez le beurre coupé en petits morceaux tout en remuant puis les jaunes d'œuf l'un après l'autre.** Travaillez la crème quelques instants jusqu'à ce qu'elle soit bien lisse et brillante puis **retirez la casserole du feu et laissez refroidir.**
6. **Montez les blancs d'œuf en neige en ajoutant à la fin le sucre glace en pluie.**
7. **Battez la crème liquide (très froide) en chantilly un peu molle. Incorporez les œufs en neige puis la chantilly au chocolat afin d'obtenir un mélange lisse** et parfaitement homogène.
8. **Remplissez le moule avec la mousse au chocolat en la tassant légèrement et terminez par une couche de biscuits imbibés. Couvrez avec une assiette et placez au réfrigérateur jusqu'au lendemain.**
9. Pour servir, **retournez le moule sur le plat de service** et retirez le fond de papier sulfurisé. Décorez le dessus de copeaux de chocolat.

Biscuits à la cuiller (24)
Chocolat noir pâtissier (250 g)
Rhum (10 cl)

• Crème fraîche liquide non allégée (20 cl) • Lait (5 cl) • Beurre (100 g) • Œufs (4) • Sucre glace (30 g)

Chocolat noir 70 % (200 g)
Mascarpone (200 g)
Crème fraîche (30 cl)
• Sucre (3 c. à soupe)
• Sucre glace (1 c. à soupe)

recette proposée par
Paul_1

MOUSSE MASCARPONE ET CHOCOLAT

Pour 6 personnes
Préparation 15 min + Repos 4 h
Très facile
Coût

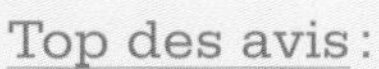

Top des avis :

" Merci, un délice ! Très vite fait. Mes enfants en ont raffolé. Déjà faite trois fois en un mois… **Servi avec des tuiles au chocolat blanc et amandes, un régal !** "
Sophieaustra

" Excellent ! Toute ma petite famille a adoré. **Beaucoup plus savoureux que la mousse classique !** " Guichardmaryline

" Très bon ! **Utilisé dans des verrines avec des fruits rouges !** " Virgine_4582

Astuce : Ajoutez à la mousse un trait d'alcool (du cognac, par exemple) et ajoutez des biscuits réduits en poudre (spéculoos, macarons, amaretti…).

Faire fondre du chocolat

1. Dans un saladier, **mélangez le mascarpone et le sucre semoule.**
2. **Faites fondre le chocolat au bain-marie.**
3. **Incorporez-le au mélange précédent.**
4. **Fouettez la crème fraîche avec le sucre glace** jusqu'à ce qu'elle soit bien ferme.
5. **Mélangez la moitié de la crème à la préparation au mascarpone puis mettez la mousse et la crème restante au frais pour au moins 4 h.**
6. Avant de servir, **vous pouvez recouvrir la mousse du restant de crème fouettée.** Si la crème fouettée est tombée, **battez-la quelques minutes avant de la servir.**

recette proposée par
Laure_39

CHOCOLAT DES NEIGES

Pour 20 à 30 pièces
Préparation 30 min
Cuisson 10 min
+ Repos 1 h
Très facile
Coût

1. **Dans une casserole, mettez le lait, le beurre et le sucre. Faites chauffer à feu doux** afin que le beurre fonde. Mélangez bien.
2. **Ajoutez le chocolat cassé en morceaux, la moitié de la noix de coco et les boudoirs écrasés. Mélangez bien** afin d'obtenir une préparation homogène. Laissez refroidir puis **placez 10 min au réfrigérateur.**
3. **Prélevez des noisettes de pâte, formez de jolies boules et roulez-les dans la noix de coco.**
4. **Laissez durcir au réfrigérateur au moins 1 h.**

Top des avis :
" C'est simple et ça a beaucoup de goût ! **J'ai essayé la recette avec de la Pralinoise, c'est excellent.** " Carole_744

" Très bon et facile à faire, surtout avec des enfants. **Et pour ceux qui n'aiment pas trop la noix de coco, j'ai essayé avec des amandes moulues à la place : très bon aussi.** "Calliope

" **C'est très dur d'attendre que les chocolats durcissent, ils sont tellement bons.** " Louunna

Astuce : Vous pouvez également varier en utilisant du chocolat blanc. Supprimez alors le sucre !

Chocolat noir 70 % (100 g)
Boudoirs (100 g)
Noix de coco en poudre (100 g)
• Lait (10 cl) • Beurre (50 g)
• Sucre (50 g)

Chocolat noir 70 % (150 g)
Crème de marrons sucrée (230 g)
• Crème fraîche liquide (10 cl) • Lait (15 cl)
• Œufs (2)

CRÈME FONDANTE AU CHOCOLAT ET AUX MARRONS

Pour 4 personnes
Préparation 10 min
Cuisson 35 min
+ Repos 3 h au moins
Très facile
Coût

1. Préchauffez le four à 200 °C.
2. **Mélangez la crème de marrons et les œufs.**
3. Dans une casserole, **faites fondre le chocolat avec le lait et la crème fraîche.**
4. **Lorsque le chocolat est fondu, versez cette préparation sur la crème de marrons en remuant bien.**
5. **Versez cette crème dans des petits pots et faites cuire au four au bain-marie pendant 35 min environ.**
6. Laissez refroidir puis laissez reposer au réfrigérateur quelques heures.

Top des avis :
“ **Donne une consistance très particulière : entre le gâteau fondant, la mousse et la crème dessert.** Extrêmement simple et très bonne. ”
Vero_7

“ **J'ai laissé reposer la crème une nuit au réfrigérateur, elle durcit légèrement et devient plus onctueuse...** un vrai péché ! ”
Svava

Astuce : Pour une saveur encore plus prononcée, vous pouvez utiliser un chocolat à 80 % de teneur en cacao.

GALETTE DES ROIS CHOCOLAT

Pour 6 personnes
Préparation 15 min + Repos 1 h
Cuisson 40 min
Facile
Coût

Top des avis :

" Excellent ! **J'ai juste ajouté à la préparation des lamelles épaisses de poires au sirop !** "
Margotte95

" **Bonne ganache au chocolat, bonnes proportions.** On sent peu la poudre d'amandes. À refaire. " Mimi14

" **Très bon et ça change des recettes traditionnelles.** Pour les proportions, j'ai pris des pâtes à dérouler en entier. Et je n'ai pas mis les pépites de chocolat mais plus de chocolat. " Paul64

Astuce : Au moment de souder les deux disques de pâte, veillez à retirer le maximum d'air afin que la galette ne gonfle pas trop à la cuisson.

Réaliser une galette des rois

1. **Cassez le chocolat en morceaux** dans un saladier.
2. **Portez la crème liquide à ébullition. Dès qu'elle commence à bouillir, versez-la sur le chocolat** en remuant avec une spatule en bois : la ganache doit être lisse et brillante. **Mettez-la de côté, à température ambiante.**
3. Dans un saladier, **mélangez énergiquement le beurre mou et le sucre, au fouet. Incorporez 1 œuf et la poudre d'amandes. Puis incorporez la ganache** et mettez de côté.
4. **Découpez dans chaque rouleau de pâte 1 disque de 20 cm environ. Conservez l'autre au réfrigérateur.**
5. **Disposez le second disque de pâte sur une plaque allant au four** (garnie d'une feuille de papier sulfurisé). Humidifiez le pourtour de la pâte avec un peu d'eau (sur une largeur de 2 cm environ).
6. **Garnissez cette pâte de crème d'amandes au chocolat** en laissant le pourtour humidifié libre. **Parsemez les pépites de chocolat, déposez la fève et recouvrez avec la seconde pâte. Soudez en pressant les bords.**
7. **Battez l'œuf restant avec une pincée de sel. Badigeonnez-en le dessus de la galette** en évitant les coulures sur la soudure et la plaque. **Placez la galette 1 h au réfrigérateur.**
8. Préchauffez le four à 200 °C.
9. **Sortez la galette du réfrigérateur et badigeonnez-la d'œuf battu une seconde fois**.
10. Décorez la galette en traçant de fins traits avec le côté non tranchant d'un couteau.
11. **Enfournez la galette 10 min à 200 °C puis 30 min à 180 °C.** Laissez-la refroidir à température ambiante.

Pâte feuilletée (2 rouleaux)
Chocolat noir 70 % (50 g)
Pépites de chocolat (50 g)
Poudre d'amandes (50 g)
• Beurre (50 g) • Sucre (50 g)
• Crème liquide (50 g)
• Œufs (2) • Sel (1 pincée)
• Fève + couronne (facultatif)

Pâte sablée ou brisée (1 rouleau)
Noix de coco en poudre (150 g)
Chocolat noir 70 % (150 g)
• Beurre (150 g) • Sucre (150 g)
• Œufs (3) • Crème fraîche liquide (20 cl)

TARTE BOUNTY

Pour 8 personnes
Préparation 20 min - Cuisson 40 min
Très facile
Coût

Top des avis :

“ **Bluffant, effectivement un vrai Bounty.** ” Cegre6

“ Délicieux. **Bonnes proportions mais la prochaine fois, je monterai les blancs en neige pour donner de la légèreté à la préparation coco.** ” Paupaulie

“ Bravo, je viens de déguster le résultat, **j'ai ajouté de la poudre d'amandes, c'était délicieux.** Je la refais dès que possible ! ” Morpheus59

Astuce : Si la tarte à blanc n'est pas assez cuite, retirez le papier sulfurisé et les haricots secs et laissez cuire encore 5 min.

1. Préchauffez le four à 180 °C.
2. **Étalez la pâte dans le moule à tarte.** Couvrez-la d'un papier sulfurisé et de haricots secs.
3. **Enfournez-la et laissez-la cuire à blanc 10 min.**
4. Dans un saladier, **mélangez la noix de coco, le sucre, le beurre mou coupé en dés et les œufs.**
5. **Versez ce mélange sur la pâte et enfournez pour 30 min.**
6. **Faites fondre le chocolat et la crème liquide puis versez cette crème sur la tarte.**
7. Laissez refroidir avant de déguster.

recette proposée par
Nanoumelie

GÂTEAU MOELLEUX MARBRÉ VANILLE CHOCOLAT

Pour 6 personnes
Préparation 20 min - Cuisson 25 à 30 min
Très facile
Coût

Top des avis :
" **Agréablement surprise !** Cake très vite fait, très moelleux, vraiment bon... " Eliane_508

" **Super moelleux !** J'ai utilisé du chocolat dessert au lait, j'ai donc mis moins de sucre. "
Xavier_373

Astuce : Pour encore plus de saveurs, ajoutez les graines d'une demi-gousse de vanille à la pâte sans chocolat.

Réaliser un gâteau marbré

1. Préchauffez le four à 200 °C.
2. Dans un saladier, **mélangez la farine, le sucre en poudre, la crème fraîche, les œufs, la levure et le sel.**
3. **Faites fondre le chocolat noir avec le beurre coupés en morceaux,** au bain-marie ou au micro-ondes.
4. **Divisez la pâte en deux et incorporez le chocolat fondu à une moitié.**
5. **Beurrez un moule à gâteau** ou à cake ou recouvrez-le de papier sulfurisé. **Versez les deux pâtes en les alternant.**
6. **Saupoudrez de sucre vanillé et enfournez pour 25 à 30 min :** le gâteau est prêt quand la pointe du couteau ressort sèche.

Chocolat noir pâtissier
(100 g)
Crème fraîche épaisse
(200 g)

• Farine (200 g) • Sucre (150 g) • Œufs (3) • Levure chimique (1 sachet) • Beurre (40 g) • Sucre vanillé (1 sachet) • Sel (1 pincée)

Chocolat
noir pâtissier
(200 g)
Beurre salé (60 g)
• Sucre (100 g)
• Crème liquide (10 cl)
• Œufs (6)

recette proposée par
Antoine_97

MOUSSE CHOCOLAT CARAMEL AU BEURRE SALÉ

Pour 6 personnes
Préparation 40 min - Cuisson 25 min
+ Repos 2 h au moins
Facile
Coût 

Top des avis :

" **Pour encore plus de gourmandise** (et pour mieux en sentir le goût), **je verse la moitié du caramel dans les ramequins avant de mettre la mousse.** L'autre moitié, je l'incorpore comme prévu (ce qui permet d'avoir une mousse juste sucrée comme il faut !) " Fontenitm

"**Je conseille,** pour les grands gourmands, **d'émietter l'équivalent d'un cookie sur chaque ramequin.** C'est délicieux ! " Blandine_37

Astuce : Si des agglomérats ou des cristaux se forment lorsque vous ajoutez la crème au caramel, montez très légèrement le feu et mélangez en continu, ils fondront naturellement sans recolorer. Mais attention à ne pas reprendre d'ébullition !

1. Séparez les blancs d'œuf des jaunes. **Battez les blancs en neige très ferme puis réservez-les au réfrigérateur.**
2. **Versez le sucre dans une grande casserole et laissez-le caraméliser** sur feu très doux : on doit obtenir un caramel blond à roux clair.
3. **Portez la crème liquide à ébullition puis versez-la sur le caramel** (attention aux éclaboussures).
4. **Ajoutez le beurre coupé en petits dés.**
5. **Faites fondre le chocolat très doucement au bain-marie.**
6. **Hors du feu, ajoutez-y les jaunes d'œuf puis le caramel au beurre salé.** Si la consistance est un peu trop épaisse, détendez-la avec 5 cl de crème liquide bouillante.
7. **Versez la crème au chocolat dans un saladier et incorporez-y très délicatement les blancs en neige.**
8. **Versez la mousse dans des ramequins** individuels et **entreposez-les au réfrigérateur pour au moins 2 h.**

recette proposée par
Vivi

VRAI FAUX SAUCISSON AU CHOCOLAT

Pour 8 personnes
Préparation 25 min + Repos 6 h
Très facile
Coût

Top des avis :

" **Je ne mets pas de chamallows dans le saucisson et je remplace la noix de coco par du sucre glace,** et ce dessert fait à chaque fois son petit effet ! " Cocosympa

" Très bon ! Et très facile ! **J'ai essayé aussi avec des spéculoos à la place des petits-beurre, c'était délicieux !** Merci pour cette recette ! " Lyana22

" Parfait ! Rien à changer ! **J'ai essayé avec des chamallows et avec des oursons au chocolat et les deux sont excellents !** " Caroline_1988

Astuce : Pour émietter les biscuits, placez-les dans un sac congélation et écrasez-les avec un rouleau à pâtisserie.

1. **Faites fondre le chocolat et le beurre.** Fouettez bien pour lisser le mélange. Laissez refroidir quelques minutes.
2. **Ajoutez l'œuf puis le sucre glace.**
3. **Émiettez les biscuits et découpez les chamallows en petits cubes.**
4. **Ajoutez-les à la préparation et mélangez.**
5. **Versez cette préparation sur une feuille de papier d'aluminium** comme un saucisson (environ 30 cm de longueur). **Repliez le papier d'aluminium tout autour et roulez-le pour former un boudin. Placez 6 h au réfrigérateur** (le temps qu'il durcisse bien).
6. Enlevez l'aluminium et **roulez le saucisson dans de la noix de coco râpée.** Découpez en tranches fines.

Chocolat noir 70 % (180 g)
Chamallows (8)
Biscuits secs, type petits-beurre (150 g)
• Beurre (100 g) • Sucre glace (100 g) • Œuf (1) • Noix de coco râpée

Chocolat noir 70 % (100 g)
Lait (50 cl)
• Œufs (3) • Sucre (100 g)
• Sucre vanillé (1 sachet)

recette proposée par
Florence_429

PETITS FLANS AU CHOCOLAT

Pour 6 petits ramequins
Préparation 15 min
Cuisson 40 min
+ Repos 4 h
Très facile
Coût

1. Préchauffez le four à 210 °C.
2. **Dans une casserole, mettez le lait, le sucre et le sucre vanillé. Portez à ébullition.**
3. Dans un saladier, **fouettez les œufs.**
4. **Faites fondre le chocolat avec 2 c. à soupe d'eau** 1 min au micro-ondes. **Incorporez-le aux œufs.**
5. **Quand le lait bout, versez-le petit à petit dans la préparation au chocolat** tout en mélangeant.
6. **Répartissez la crème dans des ramequins et enfournez pour 30 min au bain-marie.** Vérifiez la cuisson : plantez la lame d'un couteau au centre, elle doit ressortir sèche.
7. Laissez refroidir puis placez au moins 4 h au réfrigérateur avant de déguster.

Top des avis :
" Excellent et facile à faire ! **J'ai remplacé le sucre vanillé par de l'extrait de vanille pour que les flans ne soient pas trop sucrés.** "
Patricia_528

" Très bon et très facile à faire. **J'ai rajouté du cacao pour plus de goût.** "
Isabelle_738

Astuce : Vous pouvez également réaliser cette recette avec du chocolat au lait : réduisez alors la quantité de sucre.

recette proposée par
Martine

PETITS PAVÉS AU CHOCOLAT AMANDES OU NOIX DE COCO

Pour 6 à 8 personnes
Préparation 20 min
Cuisson 10 à 15 min
Très facile
Coût

Top des avis :

" Excellent effectivement. **Moi, je les ai faits avec des noix dans de petits moules individuels.** " Isabelle_647

" Très bon et très facile, je garde la recette de côté, **pratique quand il y a des invités surprise pour le café.** " Céline_6684

" Excellent ! J'ai utilisé des moules à madeleine en rajoutant dans la recette un demi-sachet de levure, le résultat est sublime ! **À déguster tiède et sans modération !** " Zera

Astuce : Remplacez la poudre d'amandes par des noix de pécan ou des cacahuètes caramélisées.

1. Préchauffez le four à 210 °C.
2. **Faites fondre le beurre avec le chocolat.**
3. Dans un saladier, **mélangez tous les autres ingrédients puis ajoutez le chocolat fondu.**
4. **Versez la pâte dans un moule à tarte beurré ou dans des petites caissettes.**
5. **Enfournez pour 10 à 15 min.**
6. Servez froid en découpant des petits carrés ou des losanges.

Chocolat noir 70 % (125 g)
Amandes hachées ou noix de coco en poudre (50 g)
• Sucre (125 g) • Beurre ou margarine (125 g) • Farine (50 g) • Œufs (3)

Chocolat
noir pâtissier
(200 g)
Corn flakes
(150 g)
• Margarine (50 g)
• Sucre • Sucre glace
(facultatif)

ROSES DES SABLES AU CHOCOLAT

Pour 6 à 8 personnes
Préparation 15 min
+ Repos 2 h minimum
Très facile
Coût

1. Dans une casserole, **faites fondre le chocolat cassé en morceaux et la margarine. Ajoutez du sucre** (1 à 4 c. à soupe).
2. **Mettez les corn flakes dans un saladier puis versez le chocolat fondu dessus. Remuez bien.**
3. **Réalisez des petits tas** que vous déposerez sur du papier sulfurisé et **placez au réfrigérateur quelques heures voire une nuit.**
4. On peut saupoudrer les roses des sables d'un peu de sucre glace avant de les déguster.

Top des avis :

" **Je l'ai fait en gâteau anniversaire !** Les filles ont adoré ! Merci. "
JadouAnna

" Je fais fondre le chocolat au bain-marie et n'ai pas utilisé de beurre. Variez les plaisirs en utilisant d'autres types de chocolat pâtissier (noir, lait, blanc). **Très bien pour accompagner un café ou un thé.** " Milly-melo

" Super ! Et **les enfants adorent les préparer avant de les dévorer !** "
sylvie3733

Astuce : Vous pouvez remplacer la margarine par du beurre.

recette proposée par
Isabelle_178

TIRAMISU AU CHOCOLAT

Pour 6 à 8 personnes
Préparation 25 min
+ Repos 4 h minimum
Facile
Coût

❶ **Chauffez le lait avec 50 g de sucre.**

❷ Dans un bol, **mêlez le cacao en poudre et le café. Ajoutez le lait** juste avant l'ébullition et laissez refroidir.

❸ **Battez les jaunes d'œuf avec 75 g de sucre. Ajoutez le mascarpone, 75 g de chocolat noir râpé et 8 cl du lait parfumé.**

❹ **Montez les blancs d'œuf en neige et incorporez-les** délicatement à la préparation.

❺ **Trempez les biscuits à la cuiller dans le lait au cacao et au café restant. Disposez-les dans un plat en verre et recouvrez-les avec la moitié de la crème au mascarpone. Recommencez l'opération** avec une nouvelle couche de biscuits et le reste de la crème au mascarpone.

❻ **Parsemez 25 g de chocolat noir râpé dessus.** Mettez au frais pour quelques heures.

Top des avis :
" Vraiment excellent ! **J'ai mis des spéculoos à la place des biscuits** et laissé reposer une nuit dans le frigo. Résultat : il se tient super bien et est juste trop bon ! "
Lily65000

" Très bon ! **Je n'ai pas mis de café ni d'alcool** mais j'essaierai avec la prochaine fois. "
Severine_2566

Faire fondre du chocolat

Astuce : Vous pouvez ajouter 2 c. à café de liqueur (cognac ou autre) dans le mélange lait-cacao-café.

Mascarpone
(250 g)
Biscuits à la cuiller
(200 g)
Chocolat noir 70 %
râpé (75 + 25 g)
• Café (3 c. à soupe) • Cacao en
poudre (40 g) • Lait (25 cl) • Sucre
(50 g + 75 g) • Jaunes d'œuf (4)
• Blancs d'œuf (2)

JUSQU'OÙ ALLER AVEC LE CHOCOLAT NOIR

CRÉDITS PHOTO

Sucré Salé :

Bagros : p.14, p.98 ; Bilic : p.34, p.41, p.45, p.62, p.118 ; Caste : p.50 ; Fondacci / Markezana : p.18, p.33, p.46, p.65, p.66 ; Food & Drink : p.26 ; Hall : couverture, p. 13, p.58 ; Japy : p.21 ; Leser : p.117 ; Lippmann : p.141 ; Nicoloso : p.10, p.93 ; Nikouline : p.106 ; Norris : p.49 ; Radvaner : p.74, p.78, p.126 ; Ramen : p.53 ; Riou : p.29 ; Roulier / Turiot : p.25, p.70 ; Ryman : p.61 ; Sirois : p.101; Studio : p.22, p.30, p.37, p.38, p.57, p.69, p.73, p.77, p.81, p.82, p.85, p.86, p.89, p.90, p.109, p.110, p.114, p.121, p.125, p.129, p.133, p.134, p.137, p.138 ; Subiros : p.17, p.94, p.97, p.105, p.122

Viel : p.113 ; White : p.42 ; Winkelmann : p.9

INDEX

Chocolat noir
70 % (200 g)
Gingembre en poudre
(3 c. à café)
Zeste de citron vert (1)
Cannelle en poudre
(½ c. à café)
• Œufs (4) • Beurre (150 g)
• Sucre (150 g) • Farine (50 g)
• Levure chimique
(½ sachet)

recette proposée par
Capucine_5

MOELLEUX AU GINGEMBRE

Pour 6 personnes
Préparation 15 min
Cuisson 20 min
Très facile
Coût

1. Préchauffez le four à 150 °C.
2. Chemisez un moule de papier sulfurisé.
3. Dans un bol, **cassez le chocolat en morceaux et faites-le fondre au bain-marie.**
4. Dans un bol, battez les œufs à la fourchette.
5. **Fouettez le beurre préalablement ramolli et le sucre dans un saladier jusqu'à ce que la préparation blanchisse.**
6. **Ajoutez la farine, la cannelle et la levure puis les œufs battus, le gingembre et le zeste de citron.**
7. **Incorporez le chocolat** en remuant vivement.
8. **Versez la pâte dans le moule et enfournez pour 20 min :** la pâte doit rester souple.
9. Laissez reposer le gâteau 5 min avant de le démouler (attention, il est assez fragile). Savourez-le tiède ou à température ambiante.

Top des avis :

" Un vrai délice, **je l'ai fait cuire 25-30 min et il était quand même bien fondant au centre.** Une des meilleures recettes de gâteau au chocolat ! "
Damcar

" **Fabuleux ! Citron vert + gingembre = fête des papilles !** De plus, le côté moelleux, cuit mais pas vraiment, est un délice À refaire. "
Stephanie_1350

Préparer du gingembre

Astuce : Vous pouvez bien sûr remplacer le gingembre en poudre par du gingembre frais râpé.

POULET AU CITRON VERT ET SA MOTTE DE RIZ AU CHOCOLAT AMER

Pour 2 personnes
Préparation 25 min - Cuisson 30 min
Moyennement difficile
Coût

Top des avis :

" Nous nous sommes régalés. **J'ai saupoudré le poulet de gingembre en fin de cuisson,** juste avant de verser le caramel citronné dessus et j'ai vraiment beaucoup poivré au moulin. "
Narriman

" **Exceptionnel, mémorable !** J'ai arrêté la cuisson du caramel avec le jus de citron vert additionné de vinaigre balsamique (attention aux éclaboussures). "
Auyo

" **Nous avons trouvé que l'association poulet, caramel, riz et chocolat est succulente et surprenante.** " Yamaw

Astuce : Vous pouvez remplacer le riz basmati par un riz au goût plus neutre, type riz à risotto.

1. **Émincez les escalopes en fines lamelles, poivrez-les très légèrement.**
2. **Faites cuire le riz.**
3. **Faites chauffer une poêle avec un peu d'huile d'olive puis faites-y revenir le poulet.**
4. Dans une casserole à fond épais, **faites fondre le sucre roux afin d'obtenir un joli caramel. Arrosez-le ensuite avec le jus d'un demi-citron vert.**
5. **Versez le caramel sur l'émincé de poulet puis pressez l'autre moitié du citron vert dessus.**
6. **Égouttez le riz.** Ajoutez une noix de beurre dans le riz et mélangez.
7. **Cassez le chocolat dans un bol, ajoutez 1 ou 2 c. à soupe d'eau et faites fondre au bain-marie ou au micro-ondes**.
8. Utilisez un ramequin afin de présenter le riz en « dôme » sur l'assiette. **Nappez les mottes de riz de chocolat. Déposez le poulet à côté et décorez l'assiette d'un filet de caramel.** Servez avec un quartier de citron vert.

Escalopes de poulet (2)
Citrons verts (2)
Chocolat noir 70 %
(½ tablette)

• Riz basmati (100 g) • Sucre roux (100 g) • Huile d'olive • Sel, poivre • Beurre

Oie (1, de 4-5 kg)
Oranges non traitées (3)
Cognac (5 cl)
Chocolat noir 70 % (7 carrés)
Vin corsé, type madiran (50 cl)
• Farine (1 c. à soupe) • Cacao non sucré (2 c. à soupe) • Thym • Laurier • Sel, poivre

CIVET D'OIE AU CHOCOLAT ET À L'ORANGE

Pour 10 personnes
Préparation 40 min + Repos 12 h
Cuisson entre 3 h et 4 h
Moyennement difficile
 Coût

Top des avis :

« **Recette réalisée pour la Saint-Valentin avec des aiguillettes de canard.** À part l'ajustement de la cuisson, je n'ai rien changé et le résultat était divin ! »
Marion_Lux

« Très bonne recette qu'on réussit à tous les coups ! **J'ai accompagné ce plat d'une timbale de riz et d'une purée de carottes.** »
Sabrina55

Astuce : Vous pouvez également réaliser cette recette avec du canard (entier ou cuisses).

Découper une volaille

1. **La veille, découpez l'oie. Faites mariner les morceaux dans le jus de 1 orange, avec le cognac, le zeste râpé de l'orange, le poivre, une feuille de laurier et du thym (ne salez pas).** Couvrez d'un film alimentaire et placez au frais jusqu'au lendemain.
2. Le lendemain, prélevez le zeste des 2 autres **oranges et faites-les blanchir 1 à 2 min dans de l'eau bouillante. Pressez les oranges.**
3. **Essuyez les morceaux d'oie, faites-les revenir dans une sauteuse dans un peu de leur graisse, saupoudrez-les de farine et de cacao puis mouillez avec le vin et le jus des oranges. Salez, poivrez et ajoutez, si vous le souhaitez, la marinade. Laissez cuire à petit feu** (comptez 30 min pour 500 g de viande).
4. **Un quart d'heure avant la fin de la cuisson, ôtez la viande de la sauteuse** et gardez-la au chaud.
5. **Mixez le jus de cuisson, filtrez-le. Remettez-le sur le feu, ajoutez les carrés de chocolat et laissez-les fondre.**
6. **Rectifiez l'assaisonnement puis remettez la viande dans le jus. Ajoutez les zestes d'orange blanchis et poursuivez la cuisson à feu très doux.**

CAKE AUX COURGETTES ET CHOCOLAT

Pour 6 personnes
Préparation 35 min - Cuisson 1 h
Très facile
Coût

Top des avis :
" *The* gâteau ! Un moelleux incomparable, **un goût à faire fondre de plaisir !** " Ludivine_526

" Excellent, léger, et personne ne trouve la courgette, **parfait pour faire manger des légumes aux petits, et aux grands !** "
Agnès_337

Astuce : Vous pouvez préparer ce gâteau la veille pour le lendemain, il n'en sera que meilleur !

1. Préchauffez le four à 180 °C. Tapissez un moule à cake de 30 cm de côté de papier sulfurisé.
2. **Faites fondre le chocolat avec 2 c. à soupe d'eau,** au bain-marie ou au micro-ondes.
3. **Râpez les courgettes avec une râpe à gros trous.** Pour enlever l'eau, pressez-les puis déposez-les sur du papier absorbant.
4. **Travaillez la margarine ou le beurre jusqu'à obtenir un aspect crémeux.**
5. **Ajoutez le sucre, les œufs et continuez à travailler ce mélange jusqu'à ce qu'il blanchisse.**
6. **Ajoutez le chocolat fondu puis les courgettes, la poudre d'amandes et la farine mélangée avec le sel et la levure.**
7. **Enfournez pour 1 h.**

Chocolat noir 70 % (200 g)
Courgettes (200 g)
Poudre d'amandes (230 g)

• Margarine ou beurre (150 g)
• Œufs (3) • Sucre (150 g)
• Farine (200 g) • Levure chimique (1 c. à café)
• Sel (¼ c. à café)

Potiron
(1 tranche de 100 g)
Chocolat noir 70 %
(150 g)
Cannelle (1 pincée)
Poudre d'amandes
(80 g)
• Blancs d'œuf (2) • Farine (50 g)
• Crème fraîche liquide
(1 c. à soupe) • Sucre (120 g)
• Beurre (20 g)

recette proposée par
Chrissie

BISCUITS AU POTIRON ET CHOCOLAT

Pour 4 personnes
Préparation 25 min
Cuisson 10 min
Très facile
Coût

1. Préchauffez le four à 200 °C.
2. **Râpez le potiron à l'aide d'une râpe à petits trous puis mélangez-le avec 20 g de sucre et la cannelle.**
3. **Faites fondre le chocolat au bain-marie puis mélangez-le au potiron.**
4. **Battez les blancs d'œuf en neige avec le reste du sucre.**
5. **Ajoutez-y la poudre d'amandes et la crème fraîche puis la farine en pluie et, enfin, le potiron au chocolat.** Mélangez bien.
6. **Avec une cuillère à soupe, déposez des tas de pâte sur une plaque** recouverte de papier sulfurisé préalablement beurré. Étalez-les avec une fourchette humide.
7. **Enfournez les biscuits pour 10 min.** À la fin de la cuisson, sortez-les du four, décollez-les du papier et laissez-les tiédir sur une grille.

Top des avis :

" **Je les ai préparés dans des moules en silicone (mini muffins).** Mais il faut soit les beurrer, soit rajouter de la matière grasse à la préparation. Moi, j'ai fait cuire 20 min au lieu de 10. " Coralie_15

" Tout simplement délicieux : j'ai juste pressé le potiron après l'avoir râpé. **Pour avoir plus le goût du potiron, j'ai doublé la quantité.** " Angélique_621

Astuce : Vous pouvez varier en remplaçant le potiron par de la courgette et en supprimant la cannelle.

Repoussez les limites de votre amour pour le chocolat noir !
Étonnez-le et laissez-vous séduire à nouveau grâce à
des associations de saveurs originales et osées,
incroyablement savoureuses en bouche : du plat mijoté
où le chocolat noir rehausse la sauce à la légèreté du cake
au chocolat et aux courgettes en passant par les biscuits
chocolat-potiron… Vos papilles n'ont pas fini de frémir
de plaisir !